Y.6544

n.at. Du Moulin n'a
composé que la Vie.

Z.3905
/3.

Ces fables sous celles
De Gilles Corroz et
aux-quelles Du=
=moulin a mis son
nom. — qn   Y.400h

LES
FABLES D'E-
SOPE PHRYGIEN,

MISES EN RYTH-
me Françoise.

Auec la vie dudit Esope, extraicte de
plusieurs autheurs, par Maistre
Anthoine du Moulin
Masconnois.

Nouuellement reueuës
& corrigez

A ROUEN,
Pour Henry le Mareschal, Librai-
re, demourant deuant la
bon Pasteur.

1578.

LA VIE D'ESOPE
COMPOSEE, PAR
Plaudes le Grand.

CHAPITRE. I.

Lusieurs ont employé leur temps & estude à rediger & laisser par escrit aux successeurs la nature des choses humaines, mais Esope (côme ainsi soit qu'il eust la parfaite cognoissâce des enseignemês moraux, nô sâs inspiratiô diuine) sêble auoir surmôté plusieurs d'iceux: car il gaigne si biê les cœurs des auditeurs, en les enseignâs entieremêt par fables, & ne determinât en riê, ne côcluât par raisô, ny alleguât riê des histoires selô q̃ le têps le portoit, auât sô aage, q̃ ceux q̃ sôt biê garnis de sês & raisô auroyêt hôte de pêser ou faire ce q̃ les oyseaux & regnards ne voudroyêt faire ne pêser, & d'auâtage de ne s'êployer és choses esquelles il feint plusieurs bestes brutes s'estre employees sagemêt en leur temps. Entre lesquelles, les vnes ont eschappé

LA VIE D'ESOPE
COMPOSEE, PAR
Plaudes le Grand.

CHAPITRE. I.

Lusieurs ont employé leur temps & estude à rediger & laisser par escrit aux successeurs la nature des choses humaines, mais Esope (come ainsi soit qu'il eust la parfaite cognoissace des enseignemes moraux, nó sás inspiratió diuine) séble auoir surmóté plusieurs d'iceux: car il gaigne si bié les cœurs des auditeurs, en les enseignás entierèmēt par fables, & ne determinát en rié, ne cócluát par raisó, ny alleguát rié des histoires seló q̃ le téps le portoit auāt só aage, q̃ ceux q̃ sōt bié garnis de sēs & raisō auroyēt hóte de pēser ou faire ce q̃ les oyseaux & regnards ne voudroyēt faire ne pēser, & d'auātage de ne s'éployer és choses esquelles il feint plusieurs bestes brutes s'ēstre employees sagement en leur tēmps. Entre lesquelles, les vnes ont eschappé plusieurs perils prochains les autres sont venues a leurs attentes, & en ont receu tresgrand profit en temps & lieu Cestuy cy donc qui auoit du tout mis en sa fantasie l'image de la Republique philosophale, ayant philosophé plus par œuures que par paroles, fut natif d'vne ville de Phrygie, nommee Ammorion, & surnommee la Grande: mais il fut de serue condition. Parquoy ce que dit Platon en Gorgias, me semble tresbien & vrayement dit: volontiers (dict il) la nature & la loy sont contraires entre elles: car nature auoit bien donné l'esprit libre a Esope: mais la loy des hommes auoit mis son corps en seruitude. Elle n'a peu toutesfois par telle façon luy corrompre la liberté de son esprit: mais combien qu'elle luy transportast le corps en diuers lieux & affaires, elle n'a peu toutesfois luy faire remuer l'esprit de sa place.

Le portraict d'Isope.

CHAP. II.

ESope a esté non seulement serf, mais le plus laid de tous les hommes de son temps, car il auoit la teste aigue, le nez plat, le col court, grosses leures, il estoit noir, dont

il eut le nom d'Esope: car Esope vaut autant
à dire qu'Etiopen, ventru, bossu, ayant les
pieds tords, parauenture surmontant en dif-
formité de corps le Thersite d'Homere.
Mais le pis de tout ce que estoit en luy c'e-
stoit la parole lente, la voix cassée, & auec ce
parlant indistinctement. Toutes lesquelles
choses semblent auoir esté cause de la seruitude: car on se fust esbahy si en estant ainsi
laid & difforme, il eust peu eschaper la
condition seruile: mais iaçoit qu'il eust le
corps ainsi deffiguré toutesfois de sa nature
il estoit ingenieux, caut & prompt à toutes
inuentions.

Esope demonstre son innocence, & par son in-
dustrie donne à cognoistre à son Sei-
gneur ceux qui auoyent man-
ge les figues,

CHAP. III.

SOn Seigneur doncq, pource qu'il le pensoit inutile à toute besongne domesti-
que, l'enuoya labourer au champs. Or Esope arriué au lieu besonghoit diligemment.
Et son seigneur s'auisa vn iour d'aller en la
metairie, pour veoir l'œuure de son nouueau
seruiteur. Sur ces entrefaictes vn laboureur

A 3

luy fist vn present de belles & grosses figues. Le seigneur prenant grād plaisir en la beauté de ce fruit, les donna à garder à l'vn de ses varlets, nommé Agathopus, iusques à tant, qu'il retourneroit des estuues.

Or comme ainsi fust qu'Esope fust entré en la maison pour quelque necessité, Agathopus ayant trouué son opportunité, donna tel conseil à l'vn de ses compagnons: hau compagnon (dist-il) remplissons noz ventres de ces figues, & si nostre maistre les demande, nous tesmoignerons nous deux contre Esope qu'il est entré dans la maison, & qu'il a mangé les figues secrettement: & sur ceste verité qu'il est entré en la maison, nous controuuerons beaucoup de mensonges: car vn seul ne pourra rien contre deux, veu mesmement aussi qu'il n'osera point murmurer, d'autant qu'il n'a point de probation. Quād ils eurent ainsi conclud, ils commencerent à manger toutes les figues, & en les mangeant, ils disoyent à vn chacun morceau, malheur sur toy malheureux Esope.

Or aprés que le seigneur fut retourné des estuues, & qu'il eut demandé les figues, & qu'on luy eust dit qu'Esope les auoit mangées, il commença à se courroucer & commanda qu'on luy fist venir Esope: auquel quand fut amené dist. Vien ça malheureux

outrages qu'il dit contre toy & les dieux.
　　Lors le seigneur tout courroucé dist: Zenas, Ie mets Esope en ta puissance vens le, donne le, fay tout ce que tu voudras de luy: Or quand Zenas eut Esope en sa puissance, & qu'il luy eut rapporté le droit qu'il auoit sur luy. Esope luy dit: Fay tout ce qu'il te plaira. Sur ces entrefaictes, passa par la vn marchant qui vouloit acheter du bestial, & pour ceste cause tournoit-il par le village, & demandoit à Zenas s'il auoit quelque beste à vendre. Ie n'ay point de charge (dist Zenas) de vendre aucune beste, i'ay bien vn Esclaue masle, le voicy regarde si tu le veux acheter, le marchant pria qu'on luy monstrast la denree, parquoy Zenas fist venir Esope: quant le marchant l'eut aduisé, il commença à rire desmesurément. Ou as tu prins (dit il) ce pot? Est ce vn tronc d'arbre ou vn homme? S'il ne parloit, il me sembleroit proprement vne cruche enflee, Pourquoy m'as tu destourbé pour veoir ce bel oyseau? Cecy dit il poursuyuoit son chemin: mais Esope le suyuoit disant demeure seigneur. Le marchant retourne & luy dist. Va t'en d'icy chien contrefaict.
　　Lors Esope luy respondit: Dy moy pourquoy tu es icy venu? A quoy, dit le marchant. Pourquoy malotru ie suis venu pour acheter

quelqué chôse de bon.Mais ie n'ay que faire de toy pour autant que tu es du tout inutile, fletry & fené. Esope luy dit achetes moy, que si tu me veux croire: ie te peux ayder grandement. En quelle sorte me pourras tu seruir?(dit le marchãt,)veu que tu es odieux à tout le monde Esope dist: N'as tu point en ta maison des enfans rioteux ou plorans. Fais que ie soye leur pedagogue, & ils aurōt paour de moy comme d'vn faux visage. Le marchant donc se soubriant dist a Zenas beau vaisseau: combien vends tu ce malencontre? Trois oboles dist Zenas. Et quant & quant le marchant luy paya trois oboles, disant, ie n'ay rien despedu, ie n'ay rien acheté aussi. Or quãd ils curẽt longuemẽt cheminé, & furent venuz en la maison deux petits enfans, lesquels tetoient encores, furent tous estonnez & troublez & cõmencerent à crier. Lors Esope dist au marchant: Tu as l'accomplissement de ma promesse. Le marchant en riant entra en sa maison, & luy dist. Saluë tes compagnons, Apres qu'il eut donné le bon iour à ses compagnons, les autres le regardant disoiẽt entre eux. Quel malheur est aduenu à nostre maistre qu'il ait acheté vn seruiteur tant laid & difforme? Mais il semble propremẽt aduis que il l'ait acheté pour seruir de batelerie en sa maison.

*Esope choisit le plus pesant fardeau selon
l'aduis de ses compagnons, lequel
toutesfois à la parfin fut trouué le plus leger.*

CHAP. VI.

VN peu de temps apres que le marchant fut de retour en sa maison, il commanda à ses seruiteurs de mettre en ordre plusieurs marchandises, & qu'ils s'apprestassent pour aller dehors, disant qu'il vouloit partir le l'endemain pour aller en Asie. Iceux donc distribuoyent à vn chacun son fardeau. Et Esope prioit qu'on luy donnast le plus legier, comme à celuy qui estoit nouuellement acheté, & non encore bien duict & exercité en tels seruices, les autres permirent à sa discretion qu'il portast quelque chose ou non. Esope toutesfois ne vouloit point estre seul inutile, & n'estimoit point estre chose raisonnable que les autres trauaillassent & luy seul fust sans faire seruice à son maistre. lors ses compagnons permirent qu'il postast telle charge qu'il voudroit. Apres qu'il eust regardé ça & là, & qu'il eut amassé plusieurs vases, sacs, balles, & paniers, il voulut estre chargé d'vn panier plain de pain, lequel deux deuoient porter. Ses cōpagnons commencerent à se mocquer de luy, disans qu'il n'y auoit rien plus sot que le malotru, leql iaçoit qu'il eust requis la charge la plus legiere, neantmoins il eust choisi la plus pesante. Toutesfois pour luy complaire ils luy mirent le panier sur les espaules. Esope ayāt le dos bien chargé s'es branloit deça & dela, Le marchant le regardant s'es-bahist & dist: Esope à desia gaigné son argent, puis qu'il est si prōpt au trauail: car il a porté la charge d'vn cheual.

Or apres qu'ils furēt arriuez au logis pour disner, & qu'on eut commandé à Esope de distribuer a vn chacun sa portion du pain, & que plusieurs en eurēt beaucoup mangé, son panier demoura à demy vuide. Parquoy estāt aucunement deschargé de son fardeau, il marchoit apres disner beaucoup pl⁹ gayement. Semblablement au lieu ou ils soupperent, il distribua des pains aux autres, par ainsi son panier demeura du tout vuide, lequel il chargea aisément sur ses espaules : & par ce moyen il alloit le premier deuāt tous, en sorte que ses compagnons qui auoyent apperceu qu'il marchoit deuant doubtoyent si Esope estoit point pourry ou non, ou que ce fust vn autre, Et apres qu'ils eurent cogneu que c'estoit luy-mesme, ils s'esmerueillerent comment vn homme de si petite valeur auoit plus sagemēt faict qu'eux tous: pource qu'il auoit voulu porter les pains, d'autant qu'il sçauoit que facilement & auāt toutes choses, ils se feroyent despendus : ce pendant les autres portoyent les balles & autre mesnage qui n'estoit point de nature pour estre si tost despendu.

La seconde vendition d'Esope.

CHAP. VII.

LE marchant estant arriué à Ephese, vēdit plusieurs autres seruiteurs auec grād profit. Or il ne luy en demoura pl⁹ que trois à sçauoir le Grammarien, le chantre, & Esope. Apres que l'vn de ses amis luy eut conseillé de nauiguer iusques en Samos, il luy persuada d'y aller, car il sçauoit que là il vendroit mieux ses esclaues. Quand le marchant fut arriué en Samos, fit habiller le Grammarien, & le chantre de robes neufues : & en ceste sorte les mist en foire: Mais pour autant qu'en nulle façon il ne pouuoit accoustrer Esope, par-ce qu'il estoit cōtrefait de tous costez, il luy fist vne robe d'vn sac & l'ayant ainsi reparé le mist au milieu des deux autres, afin que ceux qui le verroyent s'estonnassent disans. D'ou vient ceste abomination laquelle obscurcit ainsi les autres.

Or combien qu'Esope fust mocqué de plusieurs, il les regardoit toutesfois fierement & asseurément. En ce temps là Xanthus le philosophe habitoit en Samos, lequel sur ces entrefaictes suruint au marché, & voyāt ces deux garçons bien habillez, & Esope estant au milieu d'eux, s'esmerueilla de l'inuention du marchant, car il auoit mis le laid au milieu, afin que par la demonstrance de celuy qui estoit difforme, les deux autres ieunes garçons semblassent plus beaux qu'ils n'estoient. Et s'approchant de plus pres demanda au chantre de quel païs il estoit, lequel luy respondit qu'il estoit Cappadocien.

Lors Xanthus dist: Que sçais tu donc faire? le chantre luy dist, toutes choses: A quoy commença à rire Esope. Or les disciples qui estoyent auec Xanthus, quand ils le veirent rire & monstrer ses dents, ils penserent incontinent que ce fust vn monstre. Et l'vn d'entr'eux dist: certes il est rompu il a des dents. L'autre demandoit pourquoy il rioit. L'autre disoit qu'il n'auoit point ris: mais qu'il s'estoit refrongné. Et quand vn chacun vouloit sçauoir pourquoy il auoit ris, l'vn approchāt dīt à Esope, pour quelle cause as tu ris? Esope respōdit. Recule toy d'ici brebis de mer, l'autre tout consus pour ceste parole se retira vistement. Puis apres Xanthus demanda au marchant de quel pris estoit le chantre, lequel quand il eut entendu qu'il luy cousteroit mille oboles, estonné de si grād prix s'en alla à l'autre. Mais aussi apres que ce Philosophe l'eut interrogué de quel pays il estoit, & il eut entendu qu'il estoit de Lydie, & qu'il luy eut encore demandé que sçais tu donc faire?& que l'autre semblablement luy eut respondu toutes choses. Esope derechef se print à rire. Parquoy l'vn des escolliers vouloit sçauoir pourquoy il rioit ainsi à tous propos. Auquel vn de ses compagnons dist: Si tu veux estre appellé Bouc marin, va le interroguer. Or Xanthus demanda de rechef au marchant de quel pris estoit le Grammarien, il te coustera trois mille oboles, dist le marchant.

Le philosophe fut fasché d'vn si grād pris parquoy laissant là le marchant il s'en alloit. Alors ses escoliers luy demandèrent si ces seruiteurs ne luy venoient point à plaisir. Ouy bien (dict il) mais ie n'ay pas deliberé d'acheter seruiteurs tant precieux. L'vn d'eux luy dist: Puis qu'ainsi est ql n'y a nulle loy qui te desende d'acheter le difforme: car aussi bien seruira il que les autres. Et d'auātage nous payerons son prix. A quoy respōdit Xanthus. Ce seroit vne grāde mocquerie que vous payssiez le prix, & que i'achetasse

B

la marchandise. Et auec ce ma femme, qui desire d'estre propre & nette, ne prendroit à gré le seruice d'vn seruiteur si laid, & mal propre. Et les escoliers luy dirent, la sentêce est toute manifeste & euidente, laquelle dict qu'on ne doibt obeir à sa femme. Le Philosophe dict. Essayons premierement s'il sçait quelque chose, afin que l'argent ne soit perdu. S'approchāt doncq' d'Esope. Bien te soit, dit il: esiouy toy. Esope dist: cōment estois-ie marry? Et Xantus dist, ie te salue. Ie te salue aussi, dist esope. Lors le Philosophe auec ses disciples, estonné de ceste soudaine respōce luy demanda. Qui es tu? Ie suis noir, dist esope. Xanthus dist, Ie ne te demande pas celà: mais dy moy, d'ou tu es né? Du ventre de ma mere, respondit esope. Et Xantus dist, ie ne dicts pas cela, mais en quel lieu tu nasquis. Ma mere (dist esope) ne m'a pas declaré, si elle me fist en lieu haut ou bas. Le Philosophe luy demāde: Mais que sçais tu faire? Rien dist esope. Comment dist Xanthus. Par-ce que mes compagnons (dist esope) ont dict, qu'ils sçauoyent tout, & ne m'ont rien laissé de reste. Les escoliers prenans grand plaisir en cecy, par la diuine prouidence (dirent ils) il a tres-bien respondu, car il n'y a nul hōme qui sçache toutes choses, & pour ceste cause, il y a ris. De rechef, Xanthus luy

demanda. Veux tu que ie t'achete? Et esope
luy dist.Tu n'as que faire de mon conseil en
cecy.Fait lequel te semblera le meilleur,ou
de m'acheter, ou non. Nul ne faict rien par
force. Cecy gist en ta volonté, que si tu veux
ouurir la porte de ta bourse, conte argent,
sinon ne brocarde plus.
    Adonc les escoliers dirent entr'eux. Par
les Dieux, il a vaincu nostre maistre. Puis
apres Xãthus luy dist. Quãd ie t'auray achepté t'en voudras tu fuir? esope riant, respõdit. Si ie veux fuir, ie ne t'en demanderay
nullement conseil,comme tantost tu n'auois
aucunement affaire du mien. Lors Xanthus
luy dist.Tu dis bien, mais tu es laid. A quoy
respondit Esope, O Philosophe,il fault cõ-
siderer l'esprit,& non la face. Lors Xanthus
vint au marchãd,& luy dist. Combien veux
tu vendre cestuy cy? Le marchand respondit Tu n'es icy,que pour despriser ma marchandise, car tu as laissé ces deux garçons
qui conuenoient bien à vn tel homme que
tu es, pour choisir ce bossu,& contrefaict.
Achete l'vn de ceux cy,& tu auras cestuy cy
par dessus. Et Xãthus dist:ie n'en veux point
d'autre que cestuy cy. Le marchãd donc dist,
prẽds le pour soixãte oboles.Alors les escoliers incõtinẽt deliurerẽt les deniers,& Xãthus en fut le seigneur. Les peagers apres

auoir sçeu ceste vente estoiét là presens tous courroucez, demãdans qui estoit le vẽdeur, & qui estoit l'acheteur. Mais pour autant qu'vn chacun auoit hõte de se declarer pour la petitesse du prix, Esope estant au milieu, s'escrie: C'est moy, qui ay esté vendu, cestuy cy est le vendeur, & cestuy là est l'acheteur: que si tous deux se taisent ie demoureray affranchy. Les Peageurs furent bien aises,& donnerent le peage à Xanthus.

Xanthus faict vn present d'Esope à sa femme.

CHAP. VII.

ESope donc suyuoit Xanthus allant en sa maison. Or aduint qu'en la grande chaleur du iour Xanthus retiroit sa robbe & pissoit en marchãt, ce que voyant Esope, luy prenãt sa robbe par derriere, le tira à soy, & luy dist. Vens moy tout incontinent pource que ie m'en fuiray. Et Xanthus demanda, pourquoy? Pource (dit-il) que ie ne pourroye seruir à vn tel maistre: car si toy qui es mon maistre, & qui ne crains personne, ne donnes point relache à ta nature, ains pisses en allant: s'il aduient que moy qui suis ton seruiteur sois enuoyé à quelque affairé, & qu'en cheminant nature me contraigne à

chose semblable, il me sera du tout force de chier en vollant.
Adonc Xanthus dist. Cecy te trouble-il? pour euiter trois maux, ie pisse en allant. Quels maux? dist Esope. Si ie me feusse arresté, le soleil m'eust bruslé la teste, puis apres la terre eschauffee m'eust bruslé les pieds, auecques la vehemente senteur de l'vrine, m'eust blessé le cerueau. Et Esope luy dist: Ie suis content de ta responce. Or apres qu'ils furent arriuez en la maison, Xanthus commanda à Esope qu'il s'arrestast à l'entree pource qu'il sçauoit que sa femme estoit mignonne & propre. Et pourtant ne falloit il pas que tout incontinent il presentast ce moustre à sa femme. Auant que parler à nul autre il entra en sa maison, & luy dist ainsi: Dame tu ne me reprocheras plus le seruice, que me font tes chãbrieres: car ie t'ay acheté vn compagnon en qui tu verras vne beauté excellente, & telle que iamais tu ne vis, lequel est icy deuãt la porte. Les seruantes pensant estre vray ce que leur maistre auoit dict elles debatoyent entre elles grandemét à qui seroit espoux ce beau nouueau seruiteur. Cependant la femme de Xanthus commandoit qu'on appellast le galand & qu'on le fist entrer dedans. Lors l'vne des chambrieres accourut plus tost que les autres, estimant

par telle charge desja tenir les arres de son mariage, & appella le nouueau feruiteur. Et quand esope luy eut dict, me voicy, c'est moy: la seruante toute estonnee luy demanda. Es tu celuy qu'on appelle Esope? Esope dist, Ouy certes, ce suis-ie. La chambriere luy dist. Tout beau mon amy, n'entre point en la maison, si tu me crois, car autrement ils s'enfuiront tous. Vne autre toutesfois sortit apres, & le regardant dist. Que ton visaige premierement soit decouppé, & puis tu entreras: mais ne t'approche point de moy. Apres qu'il fut entré, il s'arresta deuant sa maistresse, qui quand elle le veid, destourna sa face arriere de luy, disant à son mary: d'ou m'as tu amené ce monstre? Oste le de deuant moy. Xanthus luy dist, Contente toy Dame, ne te mocque point de mon seruiteur. Elle luy dist. Il semble, que tu ne m'aymes, & que veux auoir vne autre femme, & parauenture tu as honte de me dire, que ie sorte de ta maison: tu m'as apporté ceste teste de chien, afin que ie me fasche de ton seruice, & que ie m'en aille. Pource donne moy mon doüaire, & l'argent de mon mariage, & lors ie m'en iray. Adonc Xanthus reprenoit Esope, de ce qu'en cheminãt il luy auoit tant facetieusemẽt parlé de son vrine: & maintenãt il ne respõdit rien à sa femme,

A quoy Esope respõdit, Iette la en vn gouffre Xanthus dist. Tais toy meschãt. Ne sçais tu pas, que ie l'ayme comme moy-mesmes? Esope dist, aymes tu ta femme? Et l'autre dist? Pourquoy non meschant banny? Ie l'ayme voirement?& l'ayme bien. Lors esope frappant du pied, cria hautemẽt. Xanthus se laisse gouuerner à sa femme. Et se retournant deuers sa maistresse, & luy dist, Dame voudrois tu, que ton philosophe t'eust achepté vn ieune seruiteur, de bõne cõtenãce, de force, de bõne grace, pour te cõtempler nuë en ton baing, & pour se iouer auecq' toy, au deshõneur de ton philosophe? O Euripides ie voudrois auoir ta bouche d'or, pour dire cecy. Grãde est l'impetuosité des vagues marines. Grande est celle des fleuues.. Merueilleuse est l'ardeur du feu chaut. C'est vne chose dure à supporter que pauureté. Il y a d'autres choses infinies, lesquelles sont difficilles. Toutesfois, il n'y a rien si fascheux que la femme mauuaise. Mais toy (ma-dame) qui es femme d'vn philosophe, ne desires point le seruice des seruiteurs mignõs & plaisans, de peur que tu ne faces aucunement tort à ton mary. La femme oyant cecy, & n'y pouuant rien contredire, mon mary (dist elle? ou as tu pesché ceste belle beauté) Ce babillard, ce malottru, & contrefaict, semble estre

B. 4

plaisant & facetieux, Ie feray donc mon appointement auec luy Lors Xanthus dit à Esope, ta maistresse veut estre remise en grace auec toy. Esope parlant par faintise, respondit: C'est grãd chose que d'appaiser vne femme. Et Xanthus luy dist: Tais toy desormais, car ie t'ay acheté pour seruir & non pour contredire.

La responce d'Esope faicte au Iardinier.

CHAP. IX.

LE iour ensuyuant Xanthus commanda à Esope de le suyure, & le mena en vn iardin pour acheter des herbes. Or apres que le iardinier eut amassé vn faisseau d'herbes Esope le print. Quand Xanthus voulut payer le Iardinier, seigneur (dit le Iardinier) ie veux que tu me donnes la solution d'vne question: Quelle question dist Xanthus? Pourquoy est-ce (dist il) que les herbes lesquelles i'ay plantees, combien que ie les cultiue songneusement, toutesfois elles ne prénent point leur accroissement, sinon que bien tard: & celles lesquelles la terre produit de son bon gré, iaçoit qu'on n'y mette nulle peine, neantmoins sont plustost au incez? Adonc Xanthus (cõbien que ce fust vne question de Philosophe)ne peut dire autre chose, sinon: Cecy entre autres choses est gouverné par la prouidence diuine. Mais Esope qui estoit là present, se print à rire. Et son maistre luy dist, ris tu, ou si tu te moques? Esope respondit, ie me mocque voirement, mais non pas de toy, ains de celuy qui t'a enseigné. Car ce que tu dis, que toutes choses sont gouuernees par la diuine prouidence, c'est la solution vulgaire des sages gens. Mets moy donq' au deuant, & ie luy resoudray sa question. Parquoy Xanthus se retournant vers le Iardinier dist: Il n'est pas bien seant (mon amy) que moy qui ay debatu tant de causes & disputé en tant d'assemblees, maintenat ie vienne à soudre les difficultez en vn Iardin : mais si tu proposes à cestuy mō garçon, qui sçait tresbien les consequences de plusieurs choses, tu auras la resolution de ta demande. Lors le Iardinier dist: Ce turlupin cognoit-il les lettres? O le grand malheur, mais dy moy preud'homme, sçais tu la declaration de ma demande? Esope luy dist. Quand la femme s'est remariee pour la seconde fois, ayant des enfans de son premier mary, si semblablement elle rencontre vn second mary ayant des enfans de sa premiere femme, elle est bien mere des enfans qu'elle a ame-

nez : mais maraſtre à ceux leſquelz elle a
trouuez au ſein de ſon nouueau mary. Elle
demonſtre doncq' vne grande difference
aux vns,& aux autres,car elle ayme & perſe-
uere ſongneuſement en la nourriture de
ceux leſquelz elle a engendrez : mais elle
hait la portee d'autruy:& vſant d'enuie elle
diminue de leur nourriture, pour la donner à ſes propres enfans : car elle ayme les
naturels comme ſiens, & hait ceux de ſon
mary comme eſtrangers. De telle ſorte,eſt
la terre. Elle eſt mere de ce qu'elle a engen-
dré:mais elle eſt maraſtre, de ce que tu plantes, pour ceſte cauſe, elle ayme mieux, elle
nourrit mieux,& ſi elle entretient mieux,ce
qui eſt ſien, comme choſe legitime, mais
elle ne donne point tant de nourriture
aux herbes,que tu plantes,cóme ſi c'eſtoyẽt
herbes baſtardes. Le Iardinier, eſtant
tout reſiouy de cecy. Croy moy(diſt il,)
que tu m'as releué d'vn grand ſoucy, va
t'en,& emporte des herbes pour neant, &
quand tu en auras affaire:prens en à ton
plaiſir.

¶ De la Lentille ſeule,cuyte en vn pot,du bru-
naige du baing,& autres ioyeuſetez.

CHAP. X.

Qvelque temps apres Xanthus s'en alla aux estuues. Or ayāt là trouué aucuns de ses amis, il commanda à Esope, de aller en sa maison, & qu'il fist cuyre vn grain de Lentille. Esope estant arriué en la maison, mist cuyre dedans vn pot vn seul grain de Lentille. Apres doncq' que Xanthus se fut tres-bien nettoyé, & essuyé auecques ses amys, il les inuita au disner, protestant toutesfois, que le banquet seroit bien petit, c'est à sçauoir de Lentilles : disant aussi qu'il ne falloit point iuger vn amy, par la diuersité des viandes : mais plus-tost louer sa bonne volonté. Or apres qu'ils furent sortis des estuues, & entrez dedans la maison Xanthus dist à Esope, apportez nous à boire du baing. Esope sans dilatiō print de l'eau du baing, & leur en donna. Xanthus remply de ceste puanteur. Qu'st ce cy (dist il) à Esope : & Esope dist? C'est du baing, comme tu m'as commandé. Xanthus tenant vn petit son yre, à cause de ses amys, qui là estoyent presents, commanda à Esope, qu'il apportast le bassin. Esope apporta le bassin tout incontinent, & demeuroit debout. Lors Xanthus dist : Ne donnes tu point à lauer? A quoy respondit Esope. Il fault que ie face ce que tu me commandes. Tu ne m'as point dict, Mets de l'eau au bassin, & laues mes pieds,& apporte mes pantoufles. Tu ne m'as rien dict de tout cela. Lors Xanthus dist à ses amys: Ie n'ay pas acheté vn seruiteur mais vn maistre. Apres qu'ils furent assis à table, & que Xanthus eut demandé si la lentille estoit cuite. Esope print la cuiller, & puis tira le grain de lentille du pot,& leur bailla. Xanthus prenant ce grain, & pensant qu'il luy presentast pour faire essay s'il estoit cuit ou non, & le froissant des doigts dist: Elle est assez cuite, apporte la. Lors Esope ne vuidoit rien dedans les escuelles, que l'eau toute pure, & en distribuoit à vn chacun. Parquoy Xanthus luy dist: Ou est la lentille? Esope respondit: Tu l'as euë, Xanthus luy dist: N'as tu cuit qu'vn grain seul?Non certes, dist Esope: car tu m'as dict en singulier, que ie fisse cuire vne lentille,& non pas des lentilles en plurier, Xanthus doncq' tout desolé: Mes amis (dist il) cest homme cy me fera enrager. Puis se tournant vers Esope luy dist. Afin que mes hostes ne se plaignent de moy(seruiteur inutile)va t'en, & m'acheptes quatre pieds de pourceau, & les faicts diligemment bien cuyre, & les nous apporte. Il courut vistement, & fist tres-bien ce que on luy auoit commandé, Et ce pendant que les pieds cuisoyent, Xanthus voulant trouuer iuste occasió, pour battre Esope, à l'heure qu'il estoit empesché à quelque autre affaire, desrobe secretement l'vn des pieds, & le cache.

¶ *Xanthus voulant tromper Esope, luy mesmes fut deçeu.*

CHAP. XI.

VN peu apres, Esope retourna de son affaire, & en fouillant dedans le pot, il ne trouua que trois pieds, & par çe il cogneut qu'on luy auoit faict tromperie, & courant à l'estable, il couppa l'vn des pieds à vn pourceau qu'on engraissoit, & apres qu'il l'eut bien laué, & accoustré, il le mist dedans le pot auec les autres, pour le faire cuyre. Or Xanthus craignant, que Esope ne s'enfuist apres qu'il auroit apperçeu le larcin de l'vn des pieds, le remist de rechef au pot. Et quand Esope vuidoit les pieds au plat, Xanthus en vit cinq, & dist. Qu'est-ce cy Esope? Comment? il y en a cinq. Et Esope luy dist. Combien de pieds ont deux pourceaux? huict dist Xathus. Et Esope dist: Il y en a donc icy cinq, & le porc, que l'on engraisse là bas en a trois. Xanthus bien marry, dist à ses amis. Ne vous auois-ie pas vn petit deuant predit, que le mal-heureux homme me feroit enrager? Lors Esope dist. Seigneur, ne sçais-tu pas, qu'on ne peut inferer qu'il y ait erreur selon sa somme raisonnable, en adioustant, & diminuant de la quantité. Xantus donc, ne trouuant nulle honneste occasion, pour battre Esope, il s'appaisa.

Du Present, faict à la bien aymee de Xanthus.

CHAP. XII.

LE lendemain, l'vn des escoliers apresta vn beau banquet, fort sumptueux, auquel il inuita Xanthus, & les autres disciples: En disnant Xantlus choisit des viandes les plus exquises & delicates, & les donna a Esope, qui estoit auprès de luy. Va t'en (dist-il) & porte cecy à ma bien aymee. Or Esope s'en allant, pensoit en soy mesme, l'ay maintenant trouué l'opportunité, pour me venger de ma maistresse, pource que quand ie vins nouuellement, elle me brocardoit, On verra doncq, si elle ayme mon maistre.

Pourtant apres qu'il fut entré dedans la maison, il appella sa maistresse: & puis, il mist deuant elle toutes les viandes qu'il apportoit, & dist. Dame mon maistre enuoye tout cecy, non pas à toy, mais à sa bien aymee, & apres qu'il eut semond la chienne, & qu'il luy eut dict. Tient mignonne, vient ma petite mignonne, mange: car mon maistre Xanthus m'a commandé que ie té donnasse tout cecy à manger. Il luy bailla toute la viande morceau à morceau: cela faict il retourna vers son maistre, lequel luy demanda s'il auoit tout donné à sa bien aymee. Tout, dist Esope, & a tout mangé en ma presence. Xantus luy demanda de rechef. Qu'a-elle dict en mangeant? Elle ne m'a rien dict certes, dist Esope: mais à part soy, elle te remercioit. Toutesfois, la femme de Xanthus, toute troublee de cecy, voire de ce que son mary aymoit mieux vne chiene, que sa propre femme, entra en sa chambre, & ploroit disant, que iamais elle n'auroit affaire auecq' luy. Or, apres, que vn chacun eut bien beu, & que on eut proposé beaucoup de questions d'vn costé, & d'autre: l'vn d'entre eux demanda, Quand sera-ce qu'il aura grands troubles, & dissentions entre les hommes? Esope estant pres de luy, dist, Quand les morts ressusciteront: Lors, ils redemanderont ce qu'ils possedoyent en ce monde, Les escoliers commencerent à rire, en disant. Ce nouueau compaignon est tout ingenieux. Et vn autre proposa ceste questiõ. Pourquoy est ce que la brebis, laquelle on meine á la boucherie, ne crie point, & le pourceau grongne incessamment? Pource, dist Esope, qu'on a accoustumé de tirer laict à la brebis, & de luy tondre la laine, & nonobstant, elle ne laisse pas de suyure paisiblement, parquoy aussi quand on la prend par les pieds, quelque fer qu'elle voye, elle ne soufpeçonne rien de mal: mais luy semble, qu'elle ne doibt rien enduter, sinõ ce qu'elle a accoustumé. Quãd à la truye, elle n'est ne tirce, ne tondue, & n'a on point accoustumé de la trainer à semblables choses: mais sachant, qu'elle n'a rien de bon sur soy, que sa chair, à bon droit elle se plaint, & crie. Ces choses dictes, les disciples se prindrẽt encores à rire, & louoyẽt grandement Apres qu'ils eurent disné. Xanthus retourna en sa maison, & commençoit à deuiser auec sa femme, selon qu'il auoit de coustume. Sa femme le desdaignãt luy dist: Ne t'approche point de moy, donne moy mon douaire, afin que ie m'en aille, ie ne demoureray plus auec toy. Quãt à toy, va flatter & faire chere à ta chienne, à qui tu as enuoyé la viande Adõcq' Xanthus tout estõné dist, Esope m'a faict encores quelque

quelqu'vn de leans, il demandoit ſi ceux de
la maiſon n'auoyent rien, qui fuſt bon pour
faire nópces, & qu'ils luy vendiſſent. Le ſer-
uiteur de leans luy diſt. Qui eſt celuy qui en
a affaire? C'eſt le philoſophe xanthus: diſt
Eſope, car demain il doit eſpouſer femme.
Le varlet en oyant ces nouuelles rapporta à
la femme de xanthus ce que l'autre auoit
dict. Incontinent apres la femme alla à ſon
mary xanthus, & luy diſt entre autres cho-
ſes: Tant que ie viuray xanthus: tu ne te
pourras remarier à vne autre. Et par ce moyé
elle demeura en la maiſon par l'inuention
d'Eſope, tout ainſi auſſi que par ſon moyen
elle s'en eſtoit allee.

De quelles viandes Eſope traiſta les
hoſtes de Xanthus.

CHAP. XLIII.

DE rechef quelque temps aptes xanthus
conuia ſes diſciples à ſoupper, & com-
mai da à Eſope qu'il allaſt acheter tout ce
qu'il trouueroit de bó & d'excellent. Il s'en
alla, & en cheminant il diſoit à part ſoy:
Ie monſtreray à mon maiſtre comme il ne
faut point commander ſottement. Apres
donc qu'il eut acheté des langues de pour-

C 2

ceau, & les euſt treſ-bien appareillez, pour ſes hoſtes: il donna à chacun ſa langue roſtie, auecques la ſauſſe. Les diſciples loüoyẽt ceſte belle entree, comme viande propre, pour Philiſophes, par-ce que la langue ſert à bien parler.

Eſope les ſeruit encores de langues bouillies, & combien qu'il demandaſſent d'autres mets & viandes, touteſ-fois il ne les ſeruoit que de langues. Les diſciples faſchez d'vne meſme viande tant de fois ſeruie. Iuſques à quand, diſoyent ils, ceſſeras tu d'apporter des langues? Car en mangeant tout le iour des langues, nous auons eſcorché les noſtres. Xanthus tout courroucé luy diſt. N'as tu autre choſe, eſope? Non certes, diſt Eſope. Et Xanthus diſt: Ne t'auois ie pas commandé, villain baboüin, que tu achetaſſes tout ce que tu trouuerois de bon & excellent? Eſope reſpondit, Ie ſe remercie grandement de ce qu'en la preſence des Philoſophes tu me reprends. Car que y a-il donc q' en ceſte vie meilleur & plus excellent, que la langue? car toute doctrine, toute philoſophie eſt monſtree & enſeignee par icelle: par icelle nous donnons, nous receuons, par icelle, on demene les cauſes, on ſaluë l'vn l'autre, on prie, par icelle florit l'eloquence, par icelle on accomplit les mariages, on bastit les citez, par icelles les hommes sont gardez Brief par icelle toute nostre vie consiste. Parquoy il n'y a rien meilleur, que la langue. A ceste cause, ses disciples disans, qu'Esope auoit tres-bien dict, & donnans le tort à Xanthus, s'en allerent.

Le second seruice des langues.

CHAP. XV.

LE lendemain, les disciples blasmoiet dérechef Xanthus. Et il respõdoit, que cela n'auoit esté faict de son consentement, mais par la malice de son meschant seruiteur. Mais il changera auiourd'huy le soupper, & moy-mesme parleray à luy en vostre presence. Xanthus donc appelle son seruiteur, & luy commanda d'acheter toutes choses mauuaises & de nulle valeur, disant que ses disciples deuoyent soupper auec soy. Esope alla au marché & sans rien changer, & de-rechef il acheta des langues Et apres que il les eut appareillées, il en donna aux assistans. Les autres murmuroyent entr'eux, & disoyent : Voicy encores des langues de pourceau, Et incontinent apres, il apporta d'autres langues, & encores d'autres : & puis encores d'autres. Or Xanthus, ne prenant point en gré cecy: Qu'est-ce cy? dist-il? Pense tu meschant, que ie t'eusse dict de-rechef, que tu achetasses toutes choses bônes, & excellentes. Mais qui plus est, ne t'auois-ie pas dict & commandé à ceste fois, que tu achetasses tout ce que tu trouuerois de mauuais, & de nulle valeur? Esope respondit. Et que y a il pire, que la langue? Les villes ne sont elles pas destruites, par icelle? Les hommes ne sont-ils pas tuez, par icelle,? Tous mensonges, maledictions, & pariurements, ne sont-ils pas commis par icelle? Les nopces, & les magistrats, les seigneuries, les Royaumes ne sont-ils pas rompus, & renuersez pas icelle? Bref, toute nostre vie n'est-elle pas remplie d'erreurs infinis par icelle? Apres q̃ Esope eut dict cecy, vn des assistans dist à Xanthus. Certainement si tu ne te gardes, cestuy-cy te fera enrager: car tel est son esprit, quelle est sa corpulence. Et Esope luy dist: tu me semble estre vn homme de mauuaise sorte, & curieux, qui veux irriter le maistre contre le seruiteur.

*Esope ameine vn homme sans soucy
à son maistre.*

CHAP. XVI.

Xanthus oyant cecy, & ne defirant rien plus, que de trouuer occafion pour battre fon lourdaut, Banny(dift il) pource que tu as appellé mõ amy curieux, ameine moy, & me monftre vn homme fans foucy, Efope donc eftant le lendemain forty en la place, & regardant tous les paffans, il en veid vn, qui eftoit affis des long temps en vn certain lieu, lequel il iugea felon fa fantafie fimple, & fans foucy, & s'approchant luy dift. Homme, mon maiftre te femond à difner auec luy. Ce payfant ne s'enquerant de rien, ne demandant qui eftoit celuy qui l'inuitoit, il entra en la maifon de xanthus, & auec fes fouliers ords & fales, fe mift à table. Xanthus demanda. Qui eft ceftuy-cy? C'eft l'homme fans foucy, dift Efope. Iors xanthus dift à l'oreille à fa femme: Faiéts ce que te diray, & obeys moy vn peu, afin que ie trouue iufte occafion pour bien froter Efope. Puis aprés il dift à haute voix: Dame mets de l'eauë au baffin, & laue les pieds de noftre nouueau hofte. Or penfoit-il en foy-mefme, que le ruftique ne voudroit point en rien accepter ce feruice: & que par ce moyen Efope deuft eftre bien battu, pource que l'autre feroit trouué curieux. La Dame donc ayant mis de l'eauë au baffin alloit pour lauer les pieds de fon nouueau hofte. Mais le pauure fimple

C 4

sçachant que c'estoit la maistresse de la maison, il parloit ainsi en soy-mesme. Elle me veut faire hôneur pour ceste cause elle veut lauer mes pieds de ses propres mains, iaçoit qu'elle puisse commander cela à ses chambrieres. Apres doncq qu'il eut estendu ses pieds, la dame luy dist:laues toy,& il se laua,puis il se mist à table Estant assis, Xanthus commanda qu'on donnast à boire à son hoste. L'autre pensant encores ainsi à part soy. C'est bien raison qu'ils soyent seruis les premiers,mais puis qu'ils le veulent ainsi,il ne faut point que ie m'enquiere d'auantage,il beut. Or en disnant on luy apporta de quelque viande & en mangea de bon appetit. Xanthus blasmoit son cuysinier de ce qu'il auoit mal appareillé ceste viande,pourtant le fit despouiller tout nud, & le frotta tres-bien. Et ce bon hôme disoit en soy mesme:la viande, certes est bien cuite & apprestee, & ne luy faut riens qu'elle ne soit apparellee ainsi qu'il appartient: mais si le pere de famille veut sans cause battre son seruiteur,qu'en ay-ie affaire? Xanthus estoit marry, & ne prenoit pas bien en gré ce que son hoste n'estoit nullement curieux:& ne s'enqueroit de rien. Finablement en apporta le gasteau, & se paysant, le maniant, & tournant de tous costez, & mangeoit comme de pain, ainsi que si iamais il n'en eust tasté. Or Xanthus se courrouçant à son boulenger, luy dist meschant, pourquoy n'as-tu mis du miel & du poyure en ce gasteau? Le boulēger respōdit: Maistre si le gasteau n'est cuit frappe-moy, mais s'il n'est accoustré comme il doit estre, donne en les blasmes à ma maistresse. Lors Xanthus dist, si la faute viēt de ma femme, ie la fe y maintenant brusler toute viue. Lors il fit derechef signe à sa femme qu'elle luy obeist à cause d'Esope. Apres donc qu'il eut commandé qu'on luy apportast des sermens & fagots en place, il mist le feu au mouceau de bois & tira sa fēme au-pres du feu, en sorte qu'on croyoit qu'il la vouluft mettre dedans le feu, toutes-fois differoit-il aucunement, regardoit de tous costez le paysant si en aucune sorte il se leueroit point pour le destourner de ceste grande temerité. Mais iceluy pensoit encore en soy-mesme ainsi. Puis qu'il n'a nulle cause de se courroucer, pourquoy se courrouce-il? Puis il dist, Seigneur, si tu pense qu'il soit raisonnable de faire ainsi, attens moy vn peu iusques à tant que ie sois allé en ma maison, & à mon retour, que ie t'aye amené ma femme afin que tu les brusles toutes deux ensemble. Xanthus oyant ainsi parler ce pitaut, & voyant son intocence,& bonté naturelle s'esmerueilla,& dist à Esope.Vrayement voycy vn homme sans soucy. Tu auras le guerdon de ta victoire Esope. Contentes-toy pour l'aduenir. Or tu seras affranchy,& auras ta liberté.

La responce d'Esope, au Iuge

CHAP. XVII.

LE iour ensuyuant xanthus commanda à Esope qu'il allast aux estuues,& s'enquerir s'il y auoit beaucoup de gens, car il se vouloit estuuer. Or en passant, il rencontra en son chemin le gouuerneur, lequel sçachant,qu'Esope estoit à xanthus luy demanda, ou il alloit. esope respondit.ie ne sçay. Le gouuerneur pensant qu'il ne tint conte de sa demande, & qu'il se mocquast de luy, commanda qu'on le menast en prison. Quand donc on trainoit Esope, il s'escria, disant: ne vois tu pas(ô gouuerneur) comme ie t'ay bien respondu? Et certes ie ne pensois pas aller ou ie vois. Ie t'ay rencontré,& maintenant, tu me faits mener en prison. Lors le preteur estonné de ceste soudaine responce,le laissa aller. Esope donc estant venu aux estuues y veid vne grande multitude de gēs,& veid aussi vne pierre au milieu de l'entree, à laquelle heurtoyent tous ceux qui entroyent, & sortoyent. Or vn quidam entrant pour s'estuuer osta la pierre, & la mist ailleurs. Esope retourne vers son maistre, & luy dist: Seigneur, si tu te veux estuuer, ie n'ay veu qu'vn homme aux estuues. Xanthus y alla, & voyant vne grande multitude de gens, dist, Qu'est-ce cy maistre. Esope? Ne m'as-tu pas dict, que tu n'auois veu qu'vn homme? Ouy bien, dist esope: car i'ay trouué ceste pierre (la monstrant de la main) mise à l'entree, à laquelle heurtoyent tous allans, & venans: mais vn quidam, auant que y heurter l'osta de sa place, & l'a mist ailleurs. Parquoy i'ay dict, que ie n'auois veu qu'vn homme, plus estimant cestuy, que tous les autres. Lors xanthus dist, il n'y a rien qui puisse retarder esope, qu'il ne respõde prõptement.

La respõce, quãd aux superfluitez de nature.

CHAP. XVIII.

VN iour Xanthus retournant des lieux priuez, demandoit à esope: pourquoy est-ce que les hommes regardent leurs ordures apres qu'ils ont purgé leur ventre? Esope respondit, au temps passé il estoit vn homme lequel viuant delicieusemeht, demouroit long téps au retraict,y prenant grand plaisir,en sorte qu'estant là trop longuement assis,il mit hors ses entrailles. Depuis ce temps là doncq les autres ont eu peur, & pour ceste cause ils regardent l'ordure de leur ventre, afin qu'ils ne tombent en tel inconuenient. Mais quand à toy (mon maistre) ne crains point de pdre tō cœur:car tu n'en as point. Vn iour entre autres, xanthus faisoit vn banquet,& estoit assis auec d'autres Philosophes,& apres qu'vn chacun eust desia assez bien beu, on proposoit plusieurs questions. Et xanthus commençoit à se troubler. Parquoy Esope estant au-pres de luy,dist : mon maistre, Bacchus à trois attrempements. Le premier est de volupté,le second d'yrongnerie, le troisiesme est, de parolles outrageuses.Vous doncq qui auez desia assez beu, & estes tout ioyeux, contentez vous, & ne touchez plus au reste. Lors xanthus estant desia yure, luy dist. Tais-toy : va porter ton cōseil aux enfᵃrs.Et esope dist,tu seras dōcq tiré en enfer.Or vn des disciples voyant que xanthus estoit à demy yuré, & (afin que se die tout) auoit perdu l'entendement. Maistre(dist-il) aucun peut-il boire la mer ? Et xanthus dist : Ouy bien, car moy-mesme, la boiray.Et son disciple luy dist : Que si tu ne je peux faire: en quelle amende veux tu estre condamné? Lors dist xanthus. Ie gage toute ma maison. Et ce pendant, ils mirent leurs anneaux pour gage, pour cōfermer leurs accords, & puis s'en allerent. Le lendemain au matin quand xanthus fut esueillé, & qu'il eut laué sa face, il ne trouua point son anneau en son doigt en se lauant. Il demanda à Esope s'il ne l'auoit point veu. Esope respōdit: Ie ne sçay que tu en as faict. Vne chose sçay-ie bien, que tu n'as plus de droit en ta maison. Lors xanthus demanda, pourquoy? Pource (dist Esope) que quand tu estois hier yure, tu fis accord de boire la mer, & en cest accord tu as mis ton anneau pour gage. Et xanthus dist. Quelle chose ay-ie en ma puissance plus grande que la foy? Mais maintenant ie te prie que si tu as quelque cognoissance, quelque prudence, quelque experience tu me vueilles assister & ayder, afin que ie puisse accomplir ma promesse ou dissoudre noz accords. Esope respondit: Il est impossible certes que tu accomplisses ta promesse: mais feray que tu pourras dissoudre tes accords. Quand vous serez de rechef auiourd'huy assemblez ensemble, ne faicts nullemēt semblant que tu ayes peur, mais dy hardiment en sobrieté ce que tu as conuenu estant yure. Commandes donc qu'on te dresse vne

table & du feurre au riuage de la mer,& que
il y ait des garçõs tous prests pour te verser
à boire l'eauë de la mer. Et quand tu verras
que tout le peuple serà assemblé pour voir
ce beau spectacle, apres que tu seras assis
commande qu'on te remplisse de l'eauë vne
taßle. Et puis layãt prinse tu diras tout haut
à celuy qui a en garde les gages, afin que to'
les assistans l'entendent. Quelles sont noz
conuentions? Et iceluy te respondra, que tu
as accordé de boire toute la mer. T'adressãt
donc à tout le peuple, tu diràs ainsi. Hõm-
mes de Samos, vous sçauez, vous mesmes
que plusieurs fleuues entrent en la mer, or
i'ay faict seulement accord de boire la mer,
& non pas les riuieres qui entrent dedans.
Que cest escolier donq garde de couler les
eaux des riuieres premieremẽt, & puis apres
ie boyray la mer. Xanthus preuoyãt que par
cecy les accords seroyent rompus, fut grandement resiouy. Le peuple donc s'assembla
au riuage de la mer, pour voir l'issuë de l'ẽ-
treprise de xanthus. Et apres qu'il eut dict
& faict ce que luy auoit enseigné esope, le
peuple s'esmerueilla & le loüa grandement.
Lors l'escolier se iettant aux pieds de xanthus confessoit estre vaincu, & prioit que les
accords fussent rompus, ce que fist xanthus à la requeste du peuple.

voyant ce beau mesnage, dist à Esope: Paillard, qu'est ce cy; Esope respondit: Seigneur quand i'ay mis les viandes sur la table, i'ay dit à ma-dame qu'elle gardast que les chiens ne les mangeassent, & elle me dist que ses fesses auoyent des yeux, & pource qu'elle dormoit, ie les luy ay descouuertes. Xanthus luy dist: Banny, tu passeras par mes mains: Pour ceste heure ie te pardône pour l'amour de mes amis.

Esope de tous ceux qui estoyent inuitez n'en laisse entrer qu'vn.

CHAP. XXI.

VN peu de temps apres Xanthus conuoya à disner les Philosphes & orateurs, & commanda à Esope de se tenir à la porte, & qu'il ne laissast entrer homme quelconque qui ne fust sçauant: mais seulement les Philosophes, & gens doctes. Or à l'heure de disner, Esope estant assis dedans la maison aupres de la porte, l'vn des inuitez vint à la porte, & heurta. Esope luy demanda: Que remeuë le chien? L'autre pensant qu'on l'appellast chien, il s'en alla tout courroucé. Et ainsi les autres s'en retournerêt marris, pensans estre iniuriez. Il en suruint vn entre les

D

autres, lequel aussi frappa à la porte, & Esope luy demanda : que remeuë le chien?l'autre respondit: la queuë & les oreilles. Esope iugeant qu'il auoit tres-bien respondu, le mena à son maistre, & luy dist : Monseigneur, il n'est point venu de Philosophes à ton banquet, que cestuy-ci. Xanthus fut bien marry, pensant estre deçeu de ceux qu'il auoit inuitez. Le lendemain apres que ses escoliers furent venuz aux escoles, ils le blasmoyent, disans: Il semble à veoir que tu nous vueilles mespriser, voire craignant que nous allissions chez toy, tu auois mis à la porte c'est infaict Esope pour nous iniurier & appeller chiens: Et Xanthus dist. Est-ce songe ce que vous dites, ou chose vraye ? Si nous ne dormons (dirent ils) c'est verité Incontinent il appella Esope,& tout courroucé luy demanda pourquoy il auoit chassé ses amys auec honte & diffame. Et Esope luy dist. Maistre ne m'auois tu pas commandé que ie ne laissasse pas venir les bestes & lourdauts à ton barquet, mais seulement Philosophes & gens sçauans? Lors Xanthus luy dist: Et ceuxcy, quelles gens sont ils? Ne sont-ils pas sçauans ? Nullement (dist Esope)car quand ils heurtoyent à la porte & que ie leur demandoye. Que remeuë le chien?il n'y en a pas vn qui entendist ma demande. Puis donc qu'ils me sembloyent tous bestes, ie n'en ay l'aissé entier pas vn que cestuy-cy, lequel m'a sagement respondu. Quand ils ouyrent ainsi parler Esope, ils s'accorderent tous qu'il auoit tres-bien parlé,

Du thresor trouué, & de l'ingratitude de Xanthus.

CHAP. XXII.

Vne autrefois Xanthus ayant son Esope apres soy, vint aux sepulchres, & lisant les epigrames qui estoyent sur les tombeaux, y prenoit grand plaisir : or Esope apperçeut en l'vn d'iceux aucunes lettres grauees. Les lettres estoyent telles R, P, Q. F. I. T, A, Et les monstra à Xanthus, & luy demanda s'il sçauoit la signification de ces lettres. Xanthus (combien qu'il y pensast profondement) il ne peut toutesfois trouuer la declaration, & confessa franchement qu'il en doutoit. Adonq' Esope luy dist : Maistre si par la conduite de ce petit pillier ie te monstre vn thresor, comment me recompenseras-tu ? Fie toy en moy (dist Xanthus) que tu auras ta liberté, & la moitié de l'or. Lors Esope distant du monceau de terre de quatre pas, commença à foüiller,& trouua le threfor,& le porta à Xanthus, d'ifant tiens moy promeſſe, car voyla le threfor. Et Xanthus luy dift.Non feray ſi ie ſuis ſage: ſi tu ne me dictz le ſens de ces lettres, car ce me ſera vne choſe beaucoup plus precieuſe de ſçauoir cela que le threſor trouué. Et Eſope dift: Celuy qui à caché en terre ce threſor comme homme ſçauant, il a graué ces lettres cy, leſquelles diſent. *Recedens, paſſus quatuor ſodiens inuenies theſaurum aurum.* C'eſt à dire. Si tu te recules quatre pas, tu trouueras en foüillant vn threſor d'or. Xanthus dift: Pource que ton eſprit eſt ſi vif & plein de cautelles,tu n'auras point ta liberté Et Eſope dift:Maiſtre,ie r'apporteray qu'il faut rendre ceſt or au roy de Conſtantinople : car il y a eſté icy caché pour luy. Comme le ſçais-tu? dift Xanthus. Par ces autres lettres. R. R. D. Q. I. T. Leſquelles ſignifient cecy. *Redde regi Dioniſio quem inueniſti theſaurum.* C'eſt à dire : Rens au Roy Denis le threſor que tu as trouué. Xanthus oyant que c'eſtoit l'or du Roy,dift à Eſope:Prends la moytié du threſor & te tais.Et Eſope luy dift:Tu ne me dône point cecy:mais celuy qui a icy caché le threſor, & qu'ainſi ſoit,eſcoute ce que diſent les autres lettres ſuyuantes. A. E. D. Q. I. T. A. Leſquelles ſignifiēt cecy, *Acceptũ euntes,* di-

uidite quem inueniſtis thoſaurum aureum, c'eſt
à dire:Diuiſez entre vous le threſor q́ vous
auez trouué en vous en allant, Adonq́ Xanthus luy diſt:Allons nous en à la maiſon, à
celle fin que nous partiſſions le threſor, &
que tu reçoiues ta liberté. Or apres qu'ils furent venuz en la maiſon, Xanthus craignant
le caquet d'Eſope, le fit mettre en priſon.
En allant, Eſope diſt : Sont ce cy les promeſ-
ſes des Philoſophes ? Non tant ſeulement tu
me denies ma liberté : mais auſſi tu me faits
mettre en priſon. Xanthus donc commanda
qu'il fuſt deliuré, & luy diſt. Certes tu dis bié,
afin que quand tu ſeras affranchi tu m'accuſes de plus grande affection. Lors Eſope
luy diſt:Fais moy tous les maux que tu pourras faire, ſi faudra-il, que maugré toy tu me
affranchiſſes.

L'affranchiſſement d'Eſope.

CHAP. XXIII.

EN ce temps là, il auint vne telle choſe en
la ville de Samos. Lors que publiquement on celebroit quelque feſte, vn Aigle
vola tout ſoudain, & arrachant l'anneau pu-
blic, le ietta au ſein d'vn ſerf : Parquoy les
Samiens tous eſtonnez, & faſchez de ceſte

D 3

mesme aduanture,s'assemblerent tous en vn lieu,& prierent xanthus, pource qu'il estoit le premier de la ville,& auec ce philosophe qu'il leur manifestast le iugement de ce sigue terrible. Mais xanthus doutant entierement demanda terme pour y respondre. Estant doncq' de retour en sa maison,il songeoit & estoit merueilleusement triste & plongé en fascherie, par ce qu'il ne pouuoit asseoir iugement sur cela.Or esope voyant la tristesse de son maistre, vint à luy,& luy dist. Pourquoy, seigneur perseueres-tu si long temps en ta fascherie ? Ne me celes rien , & chasse ceste melancolie dehors: Donne-moy la charge de faire ce que tu as affaire. Quand tu seras demain venu en la place publique,dy aux habitans : Messieurs ie n'ay point appris de declarer les choses aduenir,ne deuiner, les mesauentures : mais i'ay vn rustre en ma maison,qui fait beaucoup de choses,il vous resoudra vostre question.Or mon maistre,si ie viens à bout de la solution,l'honneur en sera tien,qui as en ton seruice vn tel varlet, sinon le des-honneur sera à moy seul : xanthus donc le croyant se trouua le lendemain en la maison de la ville , & estant au milieu de l'assemblee, selon le conseil d'Esope , il parla aux assistans. Parquoy ils le prierent incontinent qu'il fist venir Esope. Et quand il fut venu, il se tenoit debout au milieu d'eux. Les Samiens regardans sa trongne se mocquoyent de luy, & disoyent: Ce bel homme cy nous pourra il declarer les signes? Que pourrions-nous iamais ouyr de bon de ce contrefaict? En ceste sorte se mocquoyent ils. Mais esope estendant la main, & ayant obtenu silence, dist : Hommes Samiens pourquoy vous mocquez vous de ma face? Il ne faut pas regarder la face de l'homme, mais son esprit: Car bien souuent nature a mis à vne laide figure vn bon entendemét. Considerez vous la fortune exterieure des bouteilles? N'auez-vous pas plustost esgard au goust interieur du vin? Quand tout le peuple ouyt ce que disoit esope, ils luy dirent esope, si tu nous peux ayder, dy le nous. Il parla donc ainsi hardiment. Messieurs, pource que fortune (laquelle aymo dissensions) a proposé vn prix de gloire au seigneur & à son serf, si le seruiteur est moindre que le Seigneur, il sera tres-bien battu, que s'il est trouué plus excellent, neantmoins il ne lairroit point d'estre bien frotté aussi. Par ainsi le Seigneur a tousiours victoire, soit à droit ou à tort, & le seruiteur est tousiours foulé. Si en me faisant donner ma liberté, vous me permettez de

D 4

parler, ie vous declareray hardiment ce que vous demādez. Lors le peuple tout d'vn accord, crioyent à Xanthus : Donne liberté à Esope, obeis aux Samiens, faits bien à la cité. Mais Xanthus ne s'y vouloit pas accorder. Parquoy le gouuerneur dist : Xanthus s'il ne te plaist obeir au peuple maintenant i'affranchiray Esope, & lors il sera pareil au Roy. Adonc Xanthus luy donna sa liberté, & la trompette de la ville cria: Le philosophe Xanthus donne la liberté d'Esope aux Samiens Et à ceste heure la parole d'Esope sortit son effect, quand il dist à Xanthus : Maugré-toy tu m'affranchiras. Esope donc affranchi, estant au milieu du peuple dist: Messieurs de Samos, l'Aigle (comme sçauez) est le Roy des oyseaux. Or pource qu'ayant rauy l'anneau de l'Empereur, il l'a laissé cheoir au sein d'vn seruiteur, cela veut signifier qu'il y a des Roys qui sont maintenant viuans, qui veulent rediger vostre liberté en seruitude, & casser & annuler voz loix desia establies & fermes. Cecy entendu, les Samiens se sont fort faschez.

Or vn peu de temps apres, ils receurent des lettres de Cresus, Roy des Lydiens, par lesquelles il leur commandoit, que tous les ans ils luy payassent tribut, & que s'ils ne luy vouloyent obeir, ils s'attendissent d'auoir la guerre. Parquoy ils consultoyent entr'eux, car ils craignoyent qu'ils fussent subiects à Cresus. Toutefois pensoyent estre chose vtile & bien profitable de demander conseil à Esope, Ce qu'ils firent: Esope donc leur dist. Quand les principaux d'entre vous auront donné sentence qu'il faudra payer tribut au roy Cresus, vous n'aurez plus besoing de mon conseil, mais ie vous feray vn recit, par lequel vous sçaurez ce qui vous est bon de faire. Fortune nous monstre en ceste vie deux moyens, l'vn de liberté, le commencement duquel est difficile à entendre: mais l'issuë est belle, & plaine, l'autre de seruitude, le commencement duquel est facile & accessible, & la fin laborieuse & fascheuse. Cecy ouy, les Samiens commencerent à crier: Comme ainsi soit, que nous soyons francs & libres, nous ne voulons point estre seruiteurs pourneant. Parquoy ils renuoyerent l'ambassadeur sans accord de paix: Ce qu'ayant entendu Cresus, il delibera de faire guerre aux Samiens? Mais l'ambassade luy dist: tu ne pourras vaincre les Samiens, tandis qu'Esope sera auec eux & qu'il besongneront par son conseil. Or tu feras bien mieux (ô Roy) si tu leur enuoyes ambassadeurs, & leurs demandes Esope, leur promettant, que tu les recompense-

ras en autres choses, & que tu leur donneras
relasche de ce que tu leur demandes. Lors
parauenture tu les pourras surmonter. Cresus le croyant y enuoya vn embassad:ur,par
lequel il leur demandoit esope Et les Samiens delibererent de donner esope. Ce
qu'ayant entendu esope, vint au milieu de
l'assemblee, & leur dist : Habitans de Samos
ie n'estime pas peu de chose certes que ie
voise seruir aux pieds du Roy Cresus, mais
ie vous veux raconter vne fable.

Au temps que les bestes parloyent ensemble, les loups menerent guerre contre
les brebis. Or les chiens estoyent du costé
des brebis,& chassoyent les loups. Les loups
leur enuoyerent ambassadeurs,& leur man-
dirent que si elles vouloyent viure en paix,
& oster toute suspicion de guerre, elles
leur enuoyassent les chiens. Les oüailles facilement induites à ceste sottise, donnerent
leurs chiens, parquoy les loups mirent en
pieces les chiens,& facilement tuerent les
brebis.

Les Samiens donc entendans le sens de
sa fable, conclurent entre eux de retenir
esope:mais il ne le voulust point,ains il des-
ancra auec l'ambassadeur & s'en alla au
Roy Cresus.

Du departement d'Esope, & de son arrivee en Lydie.

CHAP. XXIIII.

OR ils arriuerent en Lydie, le Roy voyant ce beau tronc deuant soy, se courrouça, disant: Voyez comment ce petit homme m'a empesché de subiuguer vne si grande Isle. Lors esope dist: Roy trespuissant, ie ne suis point venu vers toy par force ne par contraincte ou necessité: mais ie suis y venu de mon bon gré. Ie te prie permets vn peu que ie parle à toy.

Il estoit vn homme qui prenant & tuant les sauterelles, print aussi des cigalles, & quand il la vouloit tuer, la cigale dist. Ne me tuë point sans cause: car ie ne faits nul dommage aux bleds, & ne te faits tort en quelque sorte que ce soit: mais seulement ie rēds vn son plaisant de mes æsles desliees donnant resiouissance aux passans, tu ne trouueras donc rien en moy que le chant. Cecy dict, l'homme luy donna congé.

Et moy aussi (ô roy magnanime (ie ne puis attaindre plus haut que tes pieds. Ne me tuë point sans cause, car ie ne puis faire dōmage à autruy: mais en ce laid corps ie parle franchement. Le Roy oyant ainsi parler Esope, non seulement s'esmerueilla, mais aussi en eut compassion, & luy dist: Tu n'as pas ta vie sauue de par moy, mais par la diuine prouidence: parquoy demande ce que tu voudras, & tu l'auras. Et Esope luy dist: Sire faits appointement auec les Samiens. Ce que le roy luy accorda. Et Esope se iettant à ses pieds, le remercia tres-humblement.

Quand Esope composa ses fables.

CHAP. XXV.

EN ce temps Esope composa ses Fables, lesquelles il laissa au Roy Cresus, & sont encores auiourd'huy en la maison Royalle en Lydie. Or ayant chargé d'ambassade, & lettres du Roy, pour l'accord faict auec les Samiens, retourna en la ville de Samos. Les Samiens donc vindrent au deuant de luy, & luy apporterent chappeau de fleurs, & à cause de luy ordonnerent danses & ieux publiques. Esope leut les lettres du roy, & par icelles il leur monstra comment il recompensoit la liberté que le peuple luy auoit donnee, par vne autre liberté, laquelle il auoit impetree du roy. Puis apres delaissant l'Isle de Samos, il alloit par tout le monde difputant auec les philofophes. Il arriua donc en babylone, & en demonftrant là fa doctrine, il acquift la grace du Roy Lycerus, tellement qu'il fut vn des plus grands de fa court. Or en ce temps-là, les roys auoyent paix enfemble, & pour plaifir s'entre enuoyoyent l'vn à l'autre par lettres des queftions fophiftiques, & ceux qui les pouuoyent foudre receuoyent des autres tributs, felon qu'il eftoit accordé entr'eux, & ceux qui ne pouuoyent foudre enuoyoyent aux autres. Efope doncq' entendant tous les problemens qui eftoyent enuoyez à Lyceru rendoit la folution d'iceux, & par ce moyen le Roy acqueroit grand bruit. Il enuoyoit auffi au nom de Lycerus d'autres queftions aux autres roys, lefquelles ils ne pouuoyent foudre parquoy fon roy receuoit grands tributs.

*Efope adopta Ennus, & de l'iniure
faicte à Efope, par Ennus.*

CHAP. XXVI.

OR Efope, n'ayant nuls enfans adopta vn gentil-homme, lequel auoit nom Ennus, & le prefentant au Roy luy recommanda, comme fon propre fils. Vn peu de temps apres, Ennus eut affaire auec la concubine d'Esope, qu'il l'auoit adopté. Esope sçachant cecy, vouloit chasser Ennus de sa maison, lequel soudainement saisi de mal-talent contrefist vnes lettres par lesquelles il donnoit à entendre au nom d'esope, qu'iceluy estoit prest d'adherer plustost à ceux qui enuoyoyent au roy Lycerus des questions & problemes qu'au roy Lycerus mesme. Et ayant seellé la missiue de l'anneau d'esope, la donna au roy. Le roy adioustant foy au seau, tout incontinent sur enflammé d'ire, & commanda à Hermippus, que sans examen quelconques il allast tuer esope, comme traistre: Mais Hermippus qui autres-fois auoit esté amy d'esope luy fut encor pour ceste fois amy: car il le cacha dedans vn sepulchre, en sorte que nul ne le sçeut, & secretement le nourrit. Or Ennus eut toute la charge, & gouuernement que auoit esope par le commandement du Roy. Quelque temps apres Nectenabo Roy des Egyptiens, ayant entendu qu'esope estoit mort enuoya incontinent vne lettre à Lycerus, & luy mandoit qu'il luy enuoya des maistre maçons qui peussent edifier vne tour, laquelle ne touchast ny au ciel n'y en la terre, & vn autre qui respondist toutes choses qu'il demanderoit, & que il se pouuoit faire, il receuroit tribut, sinon le payeroit. Lycerus ayant leu les lettres, fut remply de tristesse, pource que nul de ses amys ne pouuoit entendre la question de la tour.

Or disoit il qu'il auoit perdu le pillier & establissement de son royaume, c'est à sçauoir Esope. Hermippus cognoissant la douleur qu'auoit le Roy pour l'amour d'Esope, s'addressa au Roy, & luy dist que Esope viuoit, & qu'il ne l'auoit pas voulu tuer, sçachant que le roy se repentiroit de ceste excecution. Le roy fut resiouy, parquoy Esope luy fut mené tout ord & crasseux & quand le roy le vid il plora, & commanda qu'il fust laué, netoyé, & accoustré d'vne autre sorte. Cecy faict Esope se purgea, de ce que faussement il auoit esté accusé, & respondit pertinemment aux causes de son accusation : parquoy le roy vouloit faire tuer Ennus : mais Esope impetra pardon du Roy pour Ennus. Puis apres le Roy Lycerus donna les lettres de Nectenabo à Esope pour les lire, lesquelles quand il les eut leuës il entendit incontinent la solutió de la question, il se print à rire, & fist escrire au roy Nectenabo, que quand l'Yuer seroit passé, on luy enuoyeroit ouuriers qui luy bastiroyent sa tour, & homme qui

respondroit à toutes ses demandes. Lyceru
donc renuoya les ambassadeurs d'Egypte,
& redonna à Esope toute sa premiere admi-
nistration: & luy rendit Ennus & tout son
bien.

*Les commandemens, que donne
Esope, à Ennus.*

CHAP. XXVII.

OR Esope reçeut benignement Ennu
& ne le contrista en rien : mais le traita
de rechef comme son propre fils, & entre autres choses l'enhortoit ainsi : Mon fils ayme
Dieu sur toutes choses, Honnores le roy,
Monstre toy terrible à tes ennemys, à celle
fin qu'ils ne te mesprisent. Sois à tes amys
priué, facille, affable, & bening, afin qu'il
soyent enclins à te bien vouloir. Plus pri
que tes ennemys deuiennent malades, &
soyent pauures, afin qu'ils ne te puissent nuire, mais en toutes choses, prie bien pour tes
amys. Ne te departs iamais de ta feme, de
peur qu'elle ne vueille faire essay d'vn autre homme:car le sexe des femmes est aucunesfois legier & bien volage : & quand elles
sont amadouëes par flatterie elles pensent
moins de mal. Reiette toute parole legiere

Esope dist:Ie te compare au soleil du prin-
temps, & ceux qui sont à l'entour de toy
aux espis meurs. Le roy l'ayant en admiration luy offrit de grands dons. Or le lendemain le roy estant au contraire vestu d'vne
robbe blanche, en fist prendre de rouges à
ses amis, & fist entrer de rechef Esope, & luy
demanda. Que te semblay-ie, & ceux qui
sont auec moy? Ie te compare au soleil(dist
Esope) & ceux qui sont au-pres de toy aux
rayons du soleil. Et Nectenabo luy dist: Ie
ne prise riē Lycerus au prix de moy.Et Esope se soubs riant dist:Ne parles point ainsi legerement de Lycerus(ô Roy) car si tu com-
pares ton regne à ton peuple il reluira comme le soleil: mais si tu le viens comparer à
Lycerus, il ne s'en faudra rien que ceste lueur
ne soyent pures tenebres. Nectenabo estonné de ceste responce tant bien faicte à propos, luy demanda: Nous as-tu amené des
massons, pour bastir la tour?Esope luy dist.
Ils sont prests moyennant que tu monstres
le lieu. Le Roy sortit hors la ville, & vint en
la campaigne, & luy monstra vn lieu com-
passé. Esope donc amena aux quatre coings
de ce lieu, lequel luy auoit esté monstré,
les quatre Aigles, auec les quatre iouuen-
ceaux pendus aux corbeilles, & apres que
il eut donné en main à chacun son i. stru-

s'en voler. Or les Compaignons estant bien haut, commencerent à crier: Donnez nous des pierres, donnez nous de la chaux, donnez nous du bois, & toutes autres choses propres pour bastir. Nectenabo voyant ces rustres monter en haut par le moyen des aigles dist: Dont nous sont venus ces hommes volans? Et Esope luy dist: Lycerus en a de tels. Et toy, iaçoit que tu sois homme tu te veux comparer à vn roy semblable aux dieux. Nectenabo luy dist: Esope ie suis vaincu. Or ie te veux interroguer, & tu me respondras l'ay icy (dit-il) des iumens, lesquelles quand elles ont ouy hennir les chevaux qui sont en Babylone, elles conceuoyent tout incontinent. Si tu as quelque doctrine pour respondre, monstre la maintenant. Esope luy dist. Sire ie te respondray demain. Estant donc de retour en son hostellerie, il fit prendre vn chat par les varlets du logis, & le mener par toute la ville publiquement, & le battre en allant. Les Egyptiens qui auoyent ceste beste en reuerence, la voyant ainsi mal mener ils accoururent tous, & arracherent le pauure chat des mains de ceux-la qui le battoyent, & rapporterent au roy bien vistement ce qui auoit esté faict. Le Roy appella Esope, & luy demanda, Ne sçauois-tu pas que nous auons le chat en reuerence, comme noſtre dieu? Pourquoy donc as-tu faict cecy?Eſope luy diſt:Sire Nectenabo,ce chat a nuict paſſee a faict dommage au Roy Lyerus:car il luy a tué ſon coq qui eſtoit aſpre u combat, & magnanime, & luy ſonnoit & chantoit les heures de la nuict. Le Roy luy diſt: N'as tu point honte de mentir? Comment ſeroit-il poſſible que le chat en vne nuict ſoit allé d'Egypte en babylone?Lors Eſope ſe ſoubs-riant luy diſt. Et comment (ſire)peuuent conçeuoir les iumens d'Egypte,en oyant hennir les cheuaux de Babylone?Le Roy cecy entédu eſtima grandemēt la grande prudence d'Eſope.Puis apres le Roy fiſt venir de la ville de Heliopolis hommes expers en queſtions ſophiſtiques, & leur parlant de la viuacité d'Eſope,il les inuita en vn banquet,auquel ſe deuoit trouuer Eſope, Apres donc qu'ils furent tous aſſis à table,l'vn de ces Heliopolitains diſt à Eſope: Ie ſuis enuoyé de par mon dieu pour te demander la ſolution d'vne queſtion,Eſope luy diſt.Tu ments,car Dieu n'a beſoing de s'enquerir & apprendre d'vn homme, Or non ſeulement tu t'accuſes toy-meſmes, mais auſſi ton dieu.Vn autre luy diſt:Il y a vn grand temple,& en iceluy vn pillier,contenant douze villes,& chacune d'icelles vil-

les est souſtenuë de trente poutres, lesquelles deux femmes enuironnerent Alors Eſope
diſt: Les enfans de noſtre pays ſoudront
bien ceſte queſtion. Le temple c'eſt ce monde. Le pillier, c'eſt l'an. Les villes ſont les
mois. Et auſſi les poutres, ſont les iours des
moys Le iour & la nuict ſont les deux femmes, leſquelles ſuccedent l'vne à l'autre.
Le lendemain, Nectenabo appella ſes amys
& leur diſt: C'eſt Eſope ſera cauſe que nous
deurons le tribut au Roy Lycerus. Et l'vn
d'entr'eux diſt: nous luy propoſerons des
queſtions, leſquelles nous meſmes n'auons
iamais ſceuës, ny ouyes: Et Eſope leur diſt
Ie vous feray demain reſponce ſur cecy. Il
s'en alla doncq', & fit vn petit eſcrit, auquel
eſtoit contenu: Nectenabo confeſſe deuoir
à Lycerus mille Talles: & retournant le lendemain, il bailla ceſt eſcriteau au Roy. Or
auant que le roy ouurist le roolle, tous ſes
amys luy dirent: Et nous ſçauons cecy & l'a-
uons ouy, & vrayement nous le ſçauons. Et
Eſope diſt: Ie vous remercie de ce que vous
accordez la debte. Or quand le roy Nectenabo eut ouy la confeſſion de la debte, il diſt à
ſes gens. Ie ne doy rien, & touteſfois vous
teſmoignez tous contre moy. Les autres chi-
geans d'opinion, dirent: Nous n'en ſçauons
rien, ny nous n'en auons ouy parler. Lor-

Esope dist: S'il est ainsi, vous auez la resolution de vostre question. A donc Nectenabo s'ebahissant dist: Le roy Lycerus est heureux d'auoir vn personnage si sçauant en son royaume. Parquoy il deliura les tributs accordez à Esope, & le renuoya en paix. Esope retourné en babylone, raconta au Roy Lycerus tout ce qu'il auoit faict en Egypte, & luy donc le tribut que Nectenabo luy enuoyoit. Lycerus pour recompense fist esleuer vne statuë d'or à Esope.

Du voyage d'Esope en Delphos.

CHAP. XXIX.

VN peu de temps apres, Esope delibera d'aller en Grece, & ayant faict son accord auec le roy, & pris congé de luy, il partit de babylone, soubs ceste promesse toutefois qu'il y retourneroit, & qu'il y vseroit le reste de sa vie. Or apres qu'il eut passé par les villes de la Grece, & demonstré son sçauoir, il vint aussi en Delphos. Les Delphiens l'ouïrent volontiers parler, mais ils ne luy firent honneur ne reuerence. Et regardant à eux, il leur dist, hommes Delphiens, il me vient en fantasie de vous accomparer au bois, lequel est porté par la mer: car en

E 4

le voyant de loing, quand il est agité des vagues, nous l'estimions beaucoup, mais quand il est pres de nous il apparoit de petit pris. Et moy aussi quand i'estoye loing de vostre ville, ie vous auoye en grande admiration, comme dignes de grande loüange: mais depuis que ie suis arriué icy ie vous ay trouuez(si ainsi il faut dire)plus inutiles que tous les autres, parquoy i'ay esté deçeu. Les Delphiens oyant ce propos, & craignans qu'Esope passant par les autres villes, ne mesdist d'eux aucunement, delibererent de le tuer meschamment, Ils prindrent donc au temple d'Apollo(lequel estoit en leur ville) vne fiole d'or, & la mirent secrettement dedans la malle d'Esope. Or Esope ignorant la conspiration des Delphiens, sortent de leur ville s'en alloit en Phocis, mais les Delphiens le suyuirent, & l'attraperent & le retenãs le blasmoyent du sacrilege. Esope nioit auoir commis aucun larcin. Les autres foüillans par force en ses malles & bouges, trouueret la phiole d'or, laquelle ils prindrent & monstrerent à tous les citoyens auec grand bruit, & murmure. Esope donc cognoissant leurs tromperies & meschansetez, les pria qu'ils le laissassent aller. Mais non seulement ils ne luy donnerent congé: ains ils le meirent en prison comme sacrilege, ayans tous conclu sa mort, par la voix d'vn chacun. Esope voyant que par nul moyen il ne pouuoit eschapper ce malheur, il se plaignoit soy mesme estant assis en la prison, L'vn de ses amys, lequel auoit nom Damas, vint à luy, & le voyant ainsi plaindre, luy demanda la cause de sa plainte. Et Esope luy dist. Vne femme auoit nouuellement enseuely son mary, & allant tous les iours au tombeau pleuroit: or vn rustique labouroit pres de ce tombeau & fut surpris de l'amour de ceste femme, & laissant ses bœufs s'en alla iusques au tombeau, & estant là assis, pleuroit auec la femme, la femme luy demanda pourquoy il pleuroit ainsi: pource (dit-il) que i'ay perdu ma femme, qui estoit belle & honneste, & apres que i'auray pleuré, ie seray releué de ma tristesse. Et la femme luy dist: Il m'est aduenu chose semblable. Et le paysant luy dist: Si tous deux sommes tombez en semblable inconuenient, qui empesche, que nous ne soyons mariez ensemble? car ie t'aymeray comme i'aymois ma femme, & tu m'aymeras comme tu faisois ton mary. La femme le croyant, ils s'accordérent ensemble. Et vn larron ce pendant deslia les bœufs, & les chassa deuant soy. Or le galland retourna, & apres n'auoir trouué ses bœufs commença à se lamenter, & grandement plaindre.

La femme vint apres, & le voyāt ainsi pleu-rer luy demāda: Pourquoy pleures-tu enco-res? Et il luy dist: maintenant ie pleure à bon escient: Et moy aussi, dist Esope, ayāt eschap-pé plusieurs dangers, maintenant ie pleure à bon escient & sans faintise: car ie ne voy de lieu quelconque la deliurance de mon mal.

La mort d'Esope.

CHAP. XXX.

Les Delphiens vindrent à Esope, & le ti-rerent hors de prison, pour le mener en quelque haut lieu, pour le ietter d'iceluy en bas. Or il disoit ainsi: quand les bestes bru-tes parloyent, le rat deuint amy de la gre-noille, & la conuia à souper, & l'ayant me-né au celier d'vn riche homme, où il y auoit beaucoup de viandes, luy dist; Mange m'a-mie la grenoille: Apres qu'ils eurent faict grand chere, la grenoille l'inuita aussi à son festin: mais (dist-elle) ne te trauaille point en nageant, iattacheray ton pied au mien d'vn filet: Cecy faict, elle sauta en l'estang, & ce pendant qu'elle nageoit entre deux eaues le pauure rat s'estouffoit, & en mourant, dist: Helas tu me faicts mourir, mais vn pl' grand que toy, me vengera. Le rat ainsi mort nageoit sur l'eau, & alors vn aigle volant par là, l'attrapa : & quant & quant il attira à soy la grenoüille qui estoit attachee au filet : & en ceste sorte elle les deuora tous deux. Et moy aussi, dist Esope, ie suis mené par force a la mort, & sans raison vous m'y trainez, mais i'auray qui me vengera:car babylon & toute la Grece vous feront cher comparer ma mort. Toutesfois les Delphiens ne luy pardonnerent pas pourtant. Or Esope se retira au temple d'Apollo, y pensant estre en seureté, mais iceux tous courroucez l'en tirerent, & le menoyent au lieu du supplice. Esope donc quand on le menoit, dist : Escoutez moy hommes de Delphos : L'Aigle poursuyuoit le lieure, le lieure ne sçachant où se cacher, se retira en la cauerne de l'escarbot, en le priant qu'il le gardast du peril où il estoit. Or l'escarbot prioit l'Aigle qu'elle ne tuast point le pauure suppliant, la priant de par le grand dieu Iupiter, qu'elle ne desdaignast point sa petitesse. L'Aigle estant toute courroucee, frappe de l'æsle l'escarbot: l'escarbot irrité de l'iniure qu'on luy auoit fait, s'en vôla auec l'aigle pour sçauoir le lieu où estoit son nid, & y estant entré roula ses œufs du haut en bas, & les cassa. L'aigle imputant cecy à grād' fascherie côtre celuy qui auroit entrepris vn tel faict contre elle, fit son nid en plus haut lieu: & de rechef l'escarbot y alla & ietta ses œufs. Parquoy l'aigle despourueu de conseil monta à Iupiter(car on l'a dict estre soubs sa garde) & mit en sa sauuegarde à ses genoux la troisiesme portee de ses œufs, les luy recommandant & suppliant qu'il les gardast. Mais l'escarbot ayant fait vne pillule de siens, môta en haut, & la mist au sein de Iupiter. Iupiter se leuant pour secourre l'ordure, ayant mis les œufs de son Aigle en oubly, les ietta en bas & les cassa. Mais apres auoir sceu de l'escarbot qu'il auoit faict cela, pour se venger de l'Aigle(car non seulement elle auoit faict iniure à l'escarbot, mais aussi elle a commis meschanceté contre Iupiter) il parla ainsi à l'Aigle à son retour: c'est l'escarbot qui t'a ainsi faschee, & certes il l'a faict iustement. Iupiter donc ne voulant point que la race des Aigles deffaillist, il conseilla a l'escarbot qu'il fist son appoinctement auec l'aigle. L'escarbot ne s'y voulut accorder: Parquoy Iupiter remit l'accouchement des aigles en vn autre temps, que les escarbots ne se monstrent point. Vous donc messieurs de Delphos, ne desprisez point ce dieu à qui ie me suis retité, combien qu'il ait vn petit temple, car il ne lairra pas les meschans impuns, Les Delphiens ne se soucians pas beaucoup de ce qu'Esope disoyt, le menoyêt tout droit à la mort. Esope voyant que nullement il ne les pouuoit amollir, leur dit de rechef. Hommes cruels & meurdriers, oyez Vn laboureur deuint vieil, aux champs, pource que iamais il n'auoit veu la ville, il prioit ceux de sa maison, qu'il l'a peust voir. Ses gēs attelerent les asnes, & meirent lē pauure vieillard sur le chariot, & le laisserent aller tout seul en allant l'air deuint obscur à cause des orages, & de la pluye : & ainsi par ces tenebres, ces asnes se souruoyerent du chemin, & allant deça & delà, ietterēt ce pauure homme en vn fossé. Lors en ce mal encontre il disoit : Helas? Iupiter, en quoy t'ay-ie offensé? que tant miserablement ie suis icy occis, & singulierement que ie ne suis point tué, par cheuaux courageux, ne par bons mulets, mais par mal-heureux asnes? Et maintenant aussi, dist Esope ie suis sēblablement mary de ce que ie suis tué non pas par nobles gens & honnorables, mais par gens inutiles & meschans. Et estant prest d'estre ietté en bas il dist encore ceste fable. Vn homme aymāt fort sa fille enuoya sa femme aux chāps: & estant seul auec sa fille il l'a print à force. La fille luy dist : Mon pere tu fais meschamment, i'aymerois mieux beaucoup estre culhonorée par plusieurs autres que de toy, qui m'as engendrée. Ie dy aussi cecy maintenant contre vous(ô meschans Delphiens) que i'aymerois mieux tomber en tous les perils de la mer, aux gouffres & destroits de l'Affrique, que de mourir iniustement & sans cause par voz mains. Ie maudis donc vostre pays, & appelle les dieux en tesmoignage, que ie meurs contre toute iustice & equité lesquels m'exauceront & vengeront. Ils le meirent donc sur le couppeau d'vne roche, & le ietterént du haut en bas. Or vn peu de temps apres, estant affligez par pesté, ils sçeurent par diuine responce qu'il falloit que reparation fust faicte de la mort d'Esope: Lesquels se sentans coupables, & sçachans que iniustement il auoit esté tué, luy esleuerent vne pyramyde, Et les principaux de la Grece & tous gens sçauans, quand ils entendirēt ce qu'on auoit faict à Esope, allerent en Delphos, & s'estans enquis de ceux qui estoyent cause de la mort d'Esope, ils en feirent eux mesmes la vengeance.

FIN DE LA VIE
D'ESOPE.

L'ignorant.

Comme le Coq ne va querant
pierre precieuse & belle,
aussi ne cherche l'ignorant,
science spirituelle.

Du Coq, & de la Pierre precieuse.

Fable. I.

LES FABLES,

UN coq cherchant sa viande & pauure
Sur vn fumier, en fange & pourriture,
Grattant des pieds, vne pierre trouua
De tresgrand pris: il l'à laisse & s'en va,
En luy disant, à pierre precieuse,
Qui tant es belle, & bonne, & gracieuse
C'est grãd dómage, & pour toy grãd malheur
Qu'homme sçauant qui cognoist ta valeur
Ne t'a trouuée en ce lieu ord & vague.
Il en feroit quelque tresriche bague,
Mais moy qui t'ay en ce fumier trouuee,
Par moy n'est point ta bonté esprouuee,
Ie ne te veux, de toy ie n'ay que faire,
C'est pour celuy qui en a plus affaire,
Et pour son faict te souhaite & desire:
A si grand bien & si haut ie n'aspire.

Ainsi le sol par son insipience,
N'a cure & soing de la bonne science,
Il ne veut point aux lettres profiter,
Tant seulement il se veut arrester,
Aux biens mondains, pleins de corruption,
Aux fols plaisirs remplis d'infection.
Il se complaist à faire demourance
Es lieux fangeux, tenebres d'igrorance:
Ainsi est-il à ce Coq bien semblable
A qui ne chaut de la pierre vallable:
Car par la pierre est science entenduë,
Parmy les biens de ce monde estenduë.

D'ESOPE.

Le mauuais cherche occasion de
faire mal, à l'innocent.

On dict en vulgaire langage,
Qui veut faire mal à son chien
Presuppose qui n'en soit rien,
Toutes-fois il dict qu'il a la rage.

Du loup, & de l'Aigneau.

Fable. II.

VN loup tout gris, fin & malicieux,
Et vn Aigneau tout simple & debon-
naire,
Dans vn ruisseau plaisant & gracieux

Beuuoient tous deux selon leur ordinaire:
L'aigneau à val, & le vieux loup à mont,
Qui en fureur prouocqué & semond,
Dist à l'aigneau: pourquoy troubles-tu tant
Ce beau ruisseau, ou me viens es-batant?
L'aigneau respond (non pas à la volee)
Certes seigneur ie n'ay point l'eau troublee,
Ie suis dessoubs & au dessus vous estes:
Ton pere vn iour me fist telles molestes,
Ce dist le loup, & pour luy tu mourras,
Rien ny vaudroit prieres, ne requestes,
A ce ruisseau iamais tu ne boiras.
Lors l'estrangla, nonobstant sa deffence,
Là n'eust pouuoir iuste allegation:
Ainsi les grāds, sans qu'on leur face offense,
Font aux petits iniuste oppression,
Par quelque dol, en cauillation
Par haut parler, par force, ou par richesse,
L'homme maling, l'innocent iuë & blesse:
En telle ardeur de conuoitise il entre
Que de ses biens se nourrist & engraisse,
Et de son sang se repaist à plein ventre.

Qui pense mal, mal luy
aduient.

Souuent reçoit punition
Celuy qui faict deception
Qui côtre autruy quelq̃ mal pense,
Il en reçoit la recompense.

Du rat, & de la Grenoille.

Table. iij.

CEluy qui tasche à deceuoir
Son prochain par quelque finesse,
Le mal qu'il vouloit conceuoir

LES FABLES,

Tombe sur luy & si le blesse:
Quiconques son prochain oppresse
Et luy veut estre desloyal,
Son peché contre luy s'adresse,
Pour mal qu'il pense luy vient mal.
  Ainsi qu'à la Grenoille aduint
Qui ne faisoit qu'en mal penser,
Vn Rat deuers elle s'en vint
Pour sur son corps la mer passer:
Tous deux se vont en mer lancer,
Et la Grenoille en l'eau plus forte
Voulut leurs deux pieds enlacer,
Et sur son dos ainsi le porte.
  La Grenoille salacieuse
Voulut le Rat en mer plonger,
Et tant fist la malicieuse
Qu'es ondes le fist submerger,
Sur elle tomba le danger,
Car vn escoufle en diligence
La vint deschirer & manger
Par droicte & bien juste vengeance.

D'ESOPE.

Ne conuoiter, choses
incertaines.

Si tu t'arrestes à vne ombre,
Delaissant la chose certaine,
Ton esperance sera vaine,
Et en souffriras grief encombre.

Du Chien, & de la piece de Chair.

Fable.   IIII.

VN Chien portoit vne piece de chair
Dedans sa gueulle, & se print à marcher
Sur vne planche en passant la riuiere:

Et le soleil par la élere lumiere
Faisoit de luy & de la chair aussi
Vn ombre en l'eau: Or aduint il ainsi
Qu'il passoit l'eau, icelle ombre aduisa
Laquelle alors plus que la chair prisa,
Car il l'a laissa, & à l'ombre se prend:
Mais il n'aduient ce que fol entreprend:
Rien il ne trouue, & deçeu ce void estre:
Donc à l'abboy il donna à cognoistre
Qu'il esleut mal: A pauure miserable,
Ce cryoit il, ton chois n'est pas vallable,
Tant as esté de tout bon sens loingtain,
Que l'incertain as prins pour le certain.
  Nous cognoissons donques par celuy chien
Laissant le bien & s'arrestant à rien,
Que nous deuons si sagement choisir
Qu'au chois n'ayons ne mal ne desplaisir:
Car nous voyons que ceux-la qui s'arrestent
Aux biens d'autruy, & sans fin les conuoitent
Ce temps pendant perdent le leur entier,
C'est le loyer d'vn qui faict tel mestier.

N'auoir affaire, auec plus grand
que foy.

Auec vn grand ne t'affocie
De le hanter ne te foucie,
Si tu veux croire bon confeil,
Ne te mets qu'auec ton pareil.

Du Lyon, de la Brebis, &
autres Beftes.

Fable. V.

LE fort lion Prince des autres beftes
Par les forefts alloit faire fes queftes:
La lourde vache, & la brebis eftoient

Aucequcs luy, & me semble qu'estoyent
Lors, ont trouué vn Cerf grand & cornu,
Et de si pres l'ont chassé & tenu,
Qu'ils l'ont occis, Quand se vint à partir
La venaison, ie vous veux aduertir
(Dist le lyon) qu'a moy qui suis seigneur,
La part premiere (à cause de l'honneur)
Doibt estre a moy: & la seconde pource
Que plus q̃ vous i'ay faist treslõgue cours
La tierce aussi pource qu'en mon effort,
Par dessus vous ie suis beaucoup plus fort
Qui pour la quarte apres s'efforcera,
Incontinent mon ennemy sera,
Tout est à moy que chacun se pourchasse
Sans rien pretendre à la presente chasse.

Par tels moyens & allegations
Les puissans font maintes exactions
Sur les petits, & par dol & malice
Leur ostent tout, contre droit & iustice:
Rare est la foy voire des plus puissans
Vers les petits qui sont obeissãs,
Si tu vis donc auec plus grand que toy,
C'est vn grand bien s'il te garde sa foy.

D'ESOBE.
Le bien perdu, faict à
l'ingrat.

Il n'est rien plus mal employé,
Que de faire à l'ingrat du bien:
Quiconques l'aura essayé,
Vne autre-fois s'en garde bien.

Du loup, & de la Gruë.
Fable. VI.

VN meschant loup la brebis deuora,
Mais en mangeant il se trouua fasché
Dans le gosier vn os luy demoura:

Lors ne cessa tant qu'il fust arraché:
Pour se guerir alla remede querre,
Vers les oyseaux & bestes de la terre,
Guery ne l'ont, disant que son tourment
Estoit loyer bien digne d'vn gourmand:
Quicõques faict à autruy quelque outrage
Contre raison, iustice, & equité,
Il luy suruient tousiours perte & dommage
Deçeu se void qui faict iniquité.

A vne Gruë il fist grande promesse
De quelque don s'elle luy peut oster:
Lors son long col dedans sa gueulle adresse
Emporte l'os sans plus le tourmenter,
Et cela faict, demande son salaire;
Mais le faux loup qui ne veut satisfaire
Luy dist va t'en & si me remercie
Car s'il m'eust pleu, ie t'eusse osté la vie,
Tandis qu'estoit ton col estendu
En mon gosier. Lors va dire la Gruë
Le bien qu'on faict à l'ingrat est perdu,
Car pour bonté mauuaistié est renduë.

Ne rendre mal, pour bien.

Ne faicts ainsi que la couleuure,
Ne rends le mal, pour le bien faict,
Si on te faict quelque bon œuure,
Il doibt estre aussi satisfaict.

Du Rustique, & de la Couleuure.

Fable. VII.

VN laboureur & champestre rustique,
 En temps d'hyuer dessus la neige froide
Trouua gisante en vne voye oblique,

Vne couleuure a demy morte & royde:
Lors sa pitié il luy manifesta,
Pour la chauffer en l'hostel la porta,
Mais aussi tost que la chaleur sentit
Par la maison elle se transporta,
Et par siffler tout le lieu infecta,
Si mallement qu'elle l'empuantit.

Le laboureur empoigne vne coignee,
Et court apres la couleuure tortuë,
En la tensant la frappee & coignee:
Mais peu s'en faut que ne le blesse ou tuë,
Est-ce (dist-il) la mercy & la grace,
Que i'ay de toy? Prends tu bien telle audace
De me tuer & ie t'ay donné vie?

O le grand mal quand on tue ou menasse
Celuy lequel tout son bien pourchasse,
Cela procede & vient d'ingrate enuie.

Ne faire chose indigne
de foy.

L'homme, sot plein d'outrage
Au grand veut faire honte:
Mais vertueux courage,
De tel fol ne tient compte.

Du Sanglier, & de l'Asne,
Fable. VIII.

VN Asne lourd de mauuaise nature
Vn porc sanglier mocquoit & desprisoit
Pour l'irriter luy faisoit mainte iniure:
Le sanglier grauement luy disoit

O paresseux, contre toy ne m'indigne,
Tu es pourtant de griefue peine digne,
Pour ton mal-faict,& ta temerité
Et toutesfois que ie n'ay merité,
Aucune honte ou laide mocquerie,
Tu es asseur de ma seuerité,
Pour ta paresse & grosse lourderie.

Ainsi est-il que quand nous oyons dire
Choses qui sont trop indignes de nous,
Combien que soyent par mocquerie ou yre,
Il ne nous faut en prendre aucun courroux:
Nous ne deuons dire ou faire aucuns signes
Qui soyent de nous estranges & indignes,
Ne faisôs point des-honeur à nous-mesmes,
Par faicts ou dicts par passions extresmes
Le des-honneur tombe sur le mocqueur,
Qui y adiouste iniures & blasphemes:
Mais le prudent demeure le vainqueur.

D'ESOPE.

En Pauureté, seureté.

Volontiers la richesse,
Porte auec soy tristesse:
Mais seure pauureté,
Porte ioyeuseté.

De deux Rats.

Fable. LXI.

VN Rat de ville eut volonté d'aller,
S'es-batre aux champs, pour un peu
 prendre l'air,
nRat des champs trouua dans vre plaine:

LES FABLES,
Qui le semond, & puis chez soy le mene,
Et luy donna de si peu qu'il auoit,
Petit banquet comme faire sçauoit.
　Le Rat de ville en voyant l'ordonnance
Pauureté blasme, & loüe l'abondance,
Et pour monstrer son bien & son estat,
Dedans la ville il amene ce Rat:
Quand ils sont là, le riche Rat ordonne
Vn beau banquet & pour manger luy donne
Pain, lard, & chair: mais ce pendant suruint
Dans le celier, vn bouteillier qui vint
Tirer du vin: lors s'allerent cacher,
En laissant là leur viande & leur chair
En grande peur. Puis l'homme retourna,
Le Rat de ville apres ne se-iourna:
Mais de manger à l'autre fist enuie,
Dist l'inuité, ma sobre & pauure vie
Est bien plus seure & stable, que la tienne,
Combien que bon repas elle contienne:
Ce que ie mange icy me semble fiel,
Pauures morceaux aux champs me semblent
　miel:
Sobre repas en seureté (sans feinte)
Vaut beaucoup mieux, que grãd banquet en
　crainte.

Ne croire faux conseil.

Qui pour son profit seulement,
Conseille autruy, il n'est à croire,
Et qui le croit finalement
Se trompe, & dechet de sa gloire.

De l'aigle, & de la corneille

Fable. x.

VN Aigle, auoit prins vne Huystre à
l'Escaille,
Et ne pouuoit ne rompre ne casser
Par son effort: mais la corneille male,
Qui à tromper ne faisoit que penser,

Dist, si tu veux ton escaille froisser,
Vole bien haut, laisse la cheoir en terre:
Il ne faudra iamais recommencer,
Car en tombant, tomber sur ceste pierre.

Fut dict, fut faict, l'Aigle print sa volee
Tout au plus haut, puis laisse en terre basse,
L'huistre tomber, si viste est deualee
Contre le roc, qu'en deux elle se casse:
Mais la corneille incontinent amasse
L'huistre qui est dehors de sa coquille,
Parquoy de dueil quasi l'Aigle en trespasse,
En menassant la corneille subtile.

Il ne faut pas croire si de legier,
N'adiouster foy à tout conseil qu'on donne,
Si par conseil tu veux ton faict renger,
Auant que faire auise la personne,
Qui te conseille & de ton cas ordonne:
Car maintenant chacun conseille autruy
Si faintement, que qui s'y abandonne,
Void son dommage en fin tomber sur luy.

D'ESOPE.

Ne croire la loüange des flateurs.

Flateurs sont tousiours bien venus
Vers ceux qui ayment leur loüange
Mais quand la fortune se change,
Ils sont pour ennemys tenus.

Du Renard & du Corbeau.

Fable. XI.

VN noir Corbeau dessus vn arbre estoit,
Et en son bec vn formage portoit
Qu'il auoit pris: vn Renard d'auenture

Passoit par là, qui cherchoit sa pasture,
Et en voyant le Corbeau & sa proye
La conuoita, puis s'arreste en la voye,
Et en loüant sainctement le Corbeau,
Dist: mon amy que ton plumaga est beau,
T'apperçoy bien à ceste heure que non
Est vray le bruit, & le commun renom,
Car chacun dict que noir est ton plumage
Mais il est blanc, voire blanc d'auantage
Que neige n'est, ne laict ne les Cignes,
I'en recognoy bien maintenant les signes,
Si donc auec tes plumes tu auois
Le chant plaisant & delectable voix,
Certes amy ie te iure ma foy:
Que tu serois sur tous oyseaux le roy.
Lors le Corbeau esmeu de gloire vaine
Ouure le bec & de chanter prend peine,
Et le formage alors chet promptement:
Renard le prend & fuit soudainement,
Le Corbeau crie en se voyant deçeu,
Ie suis trompé ie l'ay bien apperçeu,
Et cognois bien qu'on ne doit iamais croi
A vn flateur, qui donne vaine gloire.

Acquisition d'amys.

Il faict bon en ieunesse
Acquerre des amys:
Car quand vient la viellesse
En despris on est mis.

Du Lyon, du Porc, du Taureau, & de l'Asne.

Fable. XII.

VN Lyon en ieunesse estoit tant furieux
Qu'il fist maints ennemys, mais quand
il deuint vieux,
La peine il en receut, car la Loy Talion

En la vieillesse cheut sur le pauure Lyon,
Vn Sanglier de sa dent luy deschira sa peau,
De ses cornes aussi le frappa le Taureau,
Et l'Asne desirant le renom effacer
De ce pauure Lyon, le venoit offencer,
En le frappât des pieds, & luy disant iniure,
Et le vieillard Lyon en ceste peine dure
Disoit en gemissant, tout mō tēps est perdu,
Car le mal que i'ay faict, m'est maintenant
 rendu,
Ceux la à qui i'ay nuy quand i'estois ieune
 & fort
Me nuisent maintenant & desirent ma mort
Ceux à qui i'ay aydé pourchassent mon dō-
 mage:
Las i'ay esté bié fol quād ainsi en ieune aage
I'ay faict des ennemis, Plus fol ie fus encores,
D'auoir faict faux amys qui me destruisent
 ores.
Cela me monstre bien, & si est vn visage,
Que quād fortune tourne à autruy, sō visage
Ceux qu'il a offensez s'en vengēt bien apres
Et ses amys aussi ne s'en tiennent plus pres
Ses amys ne sont pas, mais amys de sa table,
Amys de sa fortune alors qui est fauorable,
Autres amys faut faire au tēps, qu'on le peut
 bien,
Amys de toꝰ les tēps qui ne veulēt que bien

Faire ce qui est decent à soy.

Qui s'étremet de faire quelq̃ chose,
En quoy il n'a geste ne bonne grace,
Au rebours viet de tout ce qu'il p̃-
  posé,
Et s'apperçoit deceu de son audace.

De l'asne & du petit chien.

Fable.　XIII.

VN petit chien a son maistre faisoit
  Mil' passe-temps, gayetez & caresses,
Il le flattoit, le laischoit & baisoit,

Sautoit, dansoit, faisoit ses gentillesses
L'asne voyant ses ioyes & liesses:
Et comme estoit celuy chien bien traicté,
Se complaignant de ses grandes paresses
Dict, ie seray autre que n'ay esté.

Car i'apperçoy & voy, que pour flatter,
Le petit chien est tousiours bien venu,
Deuant mon maistre il ne fait que sauter,
Iapper, danser, dont il est cher tenu:
Et moy ie suis soubs le faix detenu,
Tousiours battu en la ville & aux champs,
Tant de fardeaux mon dos à soustenu,
Que ie me tiens du nombre des meschans

Adpnc vn iour que son maistre arriua
En son hostel, l'Asne pour luy complaire,
Sur ses deux pieds tout debout se leua,
Et commença à sauter & à braire:
Lors le seigneur le voyant ainsi faire,
Commande & dict, qu'il soit tresbien frotté
Le labeur donc ou nature est contraire,
Se trouue vain, & n'est à rien compté.

Les grands, ont affaire des moindres.

Si tu'es grand garde toy bien
De faire au petit desplaisir:
Pourcc que tu ne sçais combien
Il te peut faire de plaisir.

Du Lyon, & du Rat.

Fable. xiiii.

VN Lyon las se reposoit en l'ombre,
   Dessus vn pré:derriere luy estoyent
Rats, & Souris, voire en assez grãd nombre,

Qui entour luy couroyent & s'esbatoyent,
Lors le Lyon attaignit de sa patte
Vn pauure rat, qui le prie & le flatte
Pour eschapper: le Lyon pardonner,
Voyant n'auoir à la mort grand honneur,
Le laisse aller en pleine liberté:
O quel grand bien & quel don d'excellence
De voir pitié, courtoisie & clemence
Aux cœurs des grands, & rendre leur clatét.

Vn plaisir ne fut iamais perdu,
Le Lyon fut dedans les liens prins:
Là heurle & brait: le Rat si est rendu,
Qui de l'oster d'illec a entreprins.
Il vint aux laqcs & prend si bon courage,
Qu'il ronge aux dèts la corde & le cordage,
Et le Lyon s'en vá franc & deliure:
Lors dist le Rat, si par moy tu peux viure,
Qui suis petit c'est pour la recompense:
Car si le grand au petit doux se monstre,
Le moindre aussi pourueu qu'il s'y rencontre
Luy reuaudra plus que l'autre ne pense.

Honore Dieu, aussi bien en prosperité, qu'en aduersité.

Qui en sa vie à Dieu ne fait hōneur
Quand la mort vient, ou quelq̃ ma-
ladie,
Dieu l'abādōne, & point ny remedie
Pour bien, ou mal, faut loüer tel sei-
gneur.

Du Milan, Malade.
Fable. XV.

UN Milan estoit,
Au lict languissant
Du mal qu'il portoit,

Lors en gemissant
Il dist à sa mere,
Afin d'auoir mieux
En complaincte amere,
Priez tous les dieux
Que i'aye sauté
Et conualescence,
Ie suis mal traicté
Et perds patience.

Sa mere luy dict,
Le bien que tu veux
Il est interdit
Auoir ne le peux :
Car quiconque faict
Tort & violence
Aux dieux, est de faict
Puni de l'offence.

Tu as contemné
Les dieux immortels,
Et contaminé
Temples, & autels,
Ne pense donc point,
Que Dieu soit propice
A qui en ce poinct
Faict peché & vice.

Croire bon conseil.

Plusieurs en leur faict n'ont aduis
Et ne veulent ouyr ne croire
D'autruy le conseil & deuis:
Par faute de sens & memoire.

De l'Arondelle, & autres Oyseaux.

Fable. xvi.

VN laboureur son lin semoit,
Parquoy l'Arondelle blasmoit
Les oyseaux, qui en leur presence
Souffroyent semer telle semence,
Leur disant la graine mangeons

Et du laboureur nous vengeons:
Car vous deuez tous bien cognoistre,
Que quand ce lin viendra à croistre,
Il en fera lacqs & filets,
Dont en seront prins & exillez:
Les autres oyseaux s'en mocquerent
Sotte prophete l'appellerent:
Quand l'arondelle veid croissant
Ce lin fleury & verdissant,
A ces oyseaux dist derechef,
Il vous viendra quelque meschef,
Prins serez & soufrirez pis
Si vous n'arrachez ses espics:
Les autres se mocquerent d'elle,
Depuis la petite arondelle,
Alla loger en la maison
Du laboureur aprés: aduint
Que quand ce lin bien meur deuint,
On en faict filets dont prins furent
Ces autres oyseaux qui tous moururent,
Par faute de ne croire en rien
Celle qui les conseilloit bien.

D'ESOPE.

Honore le bon prince.

C'eſt vn grãd biẽ de viure en liberté
C'eſt vn pl° grãd biẽ de viure ſoubs
  vn Prince,
Qui ſagemẽt gouuerne ſa prouince
Et ſes ſubiects en commune vnité.

Des Grenoilles & de leur Roy.

Fable. XVII.

EN liberté les Grenoilles eſtoyent,
Mais de ce bien, point ne ſe contentoyẽt
Iupiter demanderent vn Roy,

H

Dont il se rit voyant leur desarroy:
Tant fut pressé par leur hautaine voix
Qu'il leur donna vne tronche de bois
Pour leur seigneur:adoncques s'auancerent
Et par honneur vers elle se baisserent:
Mais en voyant ce roy sans mouuement,
Vers elles fut en grand contentement.
 Puis de rechef prierent leur changer
Iceluy roy à vn roy estranger,
Lors Iupiter vne cigoigne enuoye
Pour estre roy, les grenoilles en voye
Mises se sont pour leur roy honorer,
Lequel les vint manger & deuorer,
Ce que voyans deuers Iupiter crient,
Et leur oster ce mauuais roy le prient.
Il ne les oyt, pource qu'ils refuserent
Leur premier roy, & l'autre demanderent.

Vn peuple aussi fol & seditieux,
Qui n'est content d'vn roy bien gracieux,
Dieu luy enuoye vn roy qui le tourmente
Dont il se plaint & faut qu'il s'en repente:
Blasme ce roy & condamne ses faicts,
Le premier loué & ses actes parfaicts.

Guerre & tirannie.

C'est grãd pitié s'on ne peut euiter
Guerre d'autruy ou prince tyranniq
Par armes l'vn veut tout supediter,
L'autre destruit le corps du bien pu-
blique.

s Colòbes, & de l'Espre-
uier, leur Roy.

Fable. xVIII.

Les Colombes auoyent grand' guerre
Contre le Milan rauissant,
Ayde & secours voulurent querre

A vn autre oyseau plus puissant.
　Pour leur roy l'espreuier esleurent,
Afin qu'il les vousist deffendre,
Mais aussi tost que roy fait l'eurent
Se print à rauir & à prendre,
Non moins les tuoit ou mangeoit
Que le millan leur aduersaire:
En corps & biens les outrageoit,
Et leur estoit en tout contraire.
　Le roy qui se deuoit monstrer
Loyal deffenseur & amy,
Dés qu'il vint au royaume entrer,
Fist plus de maux que l'ennemy:
Les colombes par repentance
Dirent nous aymons mieux souffrir,
La guerre, que la violence
Que nostre roy nous vient offrir.
　Ainsi void-on qu'en tous costez
N'y a rien qui soit bien-heureux,
Telles sont les calamitez
Que souffrent les hommes par eux.

N'estre corrompu, par aucun don.

Qui se laisse corrompre
Des dons de l'ennemy,
Est en danger de rompre
La foy vers son amy.

Du larron & du Chien.

Fable. xix.

VN larron vint pour desrober & prédre
En vn logis:& pour mieux entreprédre
Son larrecin
Iette vn pain au chien de la maison

Gouster n'en veut non plus que de poisson
Tant il est fin,
Ne penses pas, dict le chien tresloyal,
Qu'en la maison ie souffre faire mal:
Ie cognois bien
Que par ce pain tu me veux faire taire
Garder me veux d'abayer & de braire,
Tu ne faits rien.
Penserois-tu pour vn petit present
Que tout le bien que ie garde à present
Ie laisse perdre?
Celuy qui faict telle desloyauté,
On le deuroit (& la bien merité)
Brusler & ardre.
Tout seruiteur ou homme qui a charge
Du bien d'autruy, n'en doit point estre larg
A l'abandon,
Il est larron qui commet vn tel vice,
Et son seigneur destruit en son seruice
Pour petit don.

Amour fausse.

Ceux sont loing de la verité,
Qui pensent que l'amour soit bonne,
Quand l'amy à l'amy s'adonne
Seulement pour l'vtilité.

Du vieux chien, & de son maistre.

Fable. XXII.

Qvelque seigneur auoit vn chien bien vieux,
Qui fut iadis de tous chassant le mieux:

Mais par vielleisse il fut tant affoibly,
Qu'il auoit mis toute chose en oubly.
Ses pieds sont lents & tardifs à la chasse,
Et toutesfois son maistre le menasse,
Mais c'est en vain le maistre a beau parler,
Le pauure chien n'a puissance d'aller.
Vn iour aux chāps laisse eschaper la beste
Parquoy luy fist son maistre grand moleste
Et le battit de paroles & de coups,
Dont se complaint le chien ainsi secouz.
En luy disant, Seigneur, que penses-tu?
Ie suis trop vieux, ie n'ay plus de vertu
Pardonne donc à ma pauure vieillesse:
Tu ne m'as pas ainsi faict en ieunesse.
Las ie voy bien qu'à present suis destruit,
Rien ne te plaist s'il n'y a quelque fruict,
Tu m'as aymé en ieunesse fertille,
Et tu me hais en vieillesse inutile.
Ton amour donc & son commencement
Tu mis en moy pour ton auancement
Et quand i'ay eu mon aage ainsi passé
Ie suis de toy tresmal recompensé.

Bon courage contre la peur.

Le Bon & vertueux courage
Vaut mieux quãd ce viét au besoing
Que l'habileté du coursage:
Le bon cœur ayde pres & loing.

Des lieures paoureux.

Fable. XXIII.

Par les grans vents vne forest ramee
Faisoit tel bruit que les lieures craintifs
S'enfuir furent prompts & hastifs,

Mais telle peur doit bien estre blasmee
 Lors qu'ils estoyent en ce poinct fugitifs
Vn grand marest ou vn estang trouuerent
Et aussi tost qu'en ce lieu arriuerent
De plus grand peur deuindrent tous retifs,
 Saillir en l'eauë Grenoilles auiserent
Pour crainte & peur qu'ils leurs auoyêt dônè
Car elles ont la riue abandonné
Et au profond du palus se plongerent.

 Vn Lieure lors qui n'est trop estonné,
Aux autres dit en parlant hardiment,
Que craignons-nous? c'est craindre follemẽt
Car nous auons courage effeminé.
 Voyez vous pas ces grenoilles commẽt
Ont peur de nous? prenons stabilité,
Noz corps sont prompts & pleins d'agilité,
Courage fort nous reste seulement.
 Il faut par tout courage & fermeté.
Vertu de force,& humaine puissance
A peu d'effaict sans la ferme constance,
C'est là ou gist l'entiere seureté.

Obeissance, aux parens.

Honore ton pere & ta mere,
Si tu veux viure longuement,
Et faicts leur bon commandement,
Ou tu souffriras peine amere.

Du loup, & du cheureau.

Fable. xxiiii.

VNe Chieure alloit en pasture,
Pour y prendre sa nourriture,
Son Cheureau dans le tect enfermé

Luy commandant de poinct en poincts
Qu'à personne l'huys n'ouure point,
Et iusques à son retour fust fermé.

Le loup ayant ouy cela
A la porte du tect alla,
Feignant de la chieure la voix,
Ouure dict-il mon enfant doux,
Ie veux entrer auec vous,
Car i'ay assez esté au bois.

Le cheureau respond, non feray
La porte ne vous ouuriray,
Car ie voy bien par vn pertuis
Que vous estes vn loup meschant,
Qui mon dommage allez cherchant,
Allez frapper à vn autre huys.

Ainsi le Cheureau se garda,
Il fist ce qu'on luy commanda,
Qui donc obeyt aux parens,
Tout bien & tout honneur luy vient,
Aucun malheur ne luy suruient,
Tels exemples sont apparents.

Promesse par force, ne se
doibt tenir.

Force par force se repousse,
Par le conseil ou par l'espee,
Fraude par la fraude est trompee,
Iamais trõpeur n'accueillit mousse.

Du Cerf, & de la brebis.

Fable. xxv.

VN iour le Cerf fist la brebis venir
Deuant le loup, & luy fist la demande
D'vn muy de bled, elle n'a souuenir

De le deuoir, alors le loup commande
Pour éuiter les despens & l'amende
Qu'à certain iour elle payast la debte,
De peur du loup ceste brebis s'endebte,
S'oblige à force & promet à payer.
Le iour venu le Cerf sans deslier
D'auoir le bled de la brebis s'efforce
Alors respond la pauurette affligee,
Que par promesse elle n'est obligee,
Pource qu'elle a esté faicte par force.

Selon le droict & toute loy ciuile,
Quiconque faict par force vne promesse
Ne doibt tenir car elle est inutile:
Quand en ce poinct on le côtraint & pres
Tout obligé de foy & lettre expresse
N'a nul effect, s'il n'est en liberté,
Celuy qui est en sa prison arresté
Ou est deuant vn Iuge furieux.
Il promet tout ce qu'on demande & mie..
Et bien souuent le cas peut aduenir
Que pour n'auoir quelque peine & dôm
On promet bien à son desauantage,
Mais le contract ne dobit iamais tenir,

Ne se fier en celuy qui a desia
esté ennemy.

On ne se doibt iamais fier
A cil qui a rompu sa foy:
Combien quil te vienne prier
De sa cautelle garde toy.

Du Rustique, & du Serpét,

Fable. xxVI.

VN serpent fut nourry chez vn rustique
Qui ce pendant enrichit grandement,
Vn iour aduint que furieusement

A ce Serpent il se courrouce & pique,
Il le naura en sa fureur inique,
Dont le Serpent fuit soudainement,
Depuis vescut cest homme pauurement,
Quelque labeur qu'il face ou qu'il trafique
  En ceste perte il estime venir,
Pour auoir faict au Serpent telle iniure,
Parquoy le prie apres de reuenir,
Le Serpent dit, mon amy ie te iure,
Qu'en ta maison ie ne me puis tenir:
Car ie voy bien que tu serois pariuré.
  Quand est du mal (dit le Serpent tressage
Que tu m'as faict, ie le veux pardonner:
Mais ie ne veux auec toy retourner,
Ie n'ay si lasche & debile courage:
Tu ne me peux apres ton grand outrage,
Par ta promesse ou ta foy guerdonner,
Si guarison ie ne me puis bien donner:
Le souuenir durera tout mon aage,
Puis que tu m'as ià nauré & blessé:
Ie ne veux point adiouster foy aucune,
Car ton serment bien tost seroit froissé.
  Quand on remet toute haine & rancure
C'est grand' vertu d'vn vouloir bien dres-
Tel cœur vaillant n'est subiect à fortune.

A trompeur, trompeur & demy.

Qui faict la tromperie
Tromperie luy vient,
Et en fin il conuient,
Qu'on s'en mocque, & s'en rie.

Du Renard, & de la Cigoigne.

Fable. xxVII.

E fin Renard conuoia de souper
Vne Cigongne, & pour mieux la tróper
Sur vn trenchoir luy mist de la boüillie,

LES FABLES,

De son long bec ne le pouuoit happer:
Mais luy qui n'a en finesse son per
En la leschant sa pance en a remplie.
Lors s'en alla la Cigoigne abusee,
Et pense d'ostre autrefois plus rusee,
Et s'elle peut luy rendra la pareille,
Car ieu pour ieu, finesse pour finesse,
De le tromper adoncques s'appareille.

Vn temps apres la Cigoigne inuita
Celuy Renard, vers lequel s'acquita
En luy iouant vn beau tour de maistrise:
De verre cler la fiole appresta,
Et le manger dedans luy presenta,
Mais il n'y a ne dent ne langue mise,
Tant seulement la lesche par dehors,
Sans que viande entrer puisse en son corps
Il la void bien & meurt de faim au-pres,
Et la Cigoigne en prend à sa plaisance.
Vn deceueur doibt noter bien expres,
Qu'il est en fin deceu par deceuance.

Beauté, & peu de sens.

Beauté de corps est agreable,
Mais beaucoup plus est amyable
La beauté d'esprit & bon sens,
Qui nous reigle par faicts decens.

Du Loup, & de la Teste.

Fable. xxxv.

VN Loup chez vn tailleur d'images,
 Trouua entre maints personnages
ne teste d'homme bien faicte,

Et par l'art de l'ouurier parfaict
Il n'en veid iamais de pareille,
Il la regarda & s'esmerueille,
Il la remue & touche aussi,
Puis apres il va dire ainsi.

Or belle teste en artifice,
Ie recognois en toy vn vice,
Tu as de beauté grand largesse,
Mais tu n'as sens ne sagesse.

La grande beauté d'humain corps
Qui se demonstre par dehors
N'est à loüer, si auec elle
N'est science spirituelle:
Si de beautez sommes doüez,
Nous n'en deuons estre loüez,
Sinon qu'auec telle beauté
Fussent ioints prudence & bonté.

Car le fol quelque beau qu'il soit,
De s'en priser il se deçoit,
Sa folie imprudente & vaine
Est cause qu'on le tienne en hayne,

Ne se glorifier du bien
d'autruy.

Ne te vueille glorifier
Des biens d'autruy que tu detiens,
Garde toy bien de t'y fier,
Rends les, car ils ne sont pas tiens.

Du Gay, & des Paons.

Fable. XXIX.

Des plumes d'vn Paon s'accoustra
Le Gay pour estre bien vestu:
Glorieux & fier se monstra.

Afin qu'il fust plus cher tenu,
Se voyant ainsi paruenu
Ses autres Gays il laissa là,
Et auec les Paons s'en alla,
Qui voyant sa trop grande audace,
Le despoüillerent en la place
Des plumes qu'il portoit sur luy,
Et le batirent en disant:
Telle peine est deuë à celuy,
Qui d'autruy bien se va prisant.

Qui se cognoist il ne s'estime
Pour les biens qu'il a empruntez,
La honte qu'il a le reprime
Et captiue ses volontez:
Mais qui ensuit les libertez
Sans prudence & discret conseil,
Se faisant au plus grand pareil,
Par son orgueil souuent aduient
Que pauure & souffreteux deuient:
Car la raison ne permet point,
Que qui plus haut qu'il ne doibt monte,
Soit long temps viuant en ce poinct,
Sans qu'il recognoisse sa hont

Labeur vtile, meilleur que repos.

Qui vit chez soy des biens de gaing
  honneste,
Sans appeter tiltre d'authorité,
Il est en grande & ferme seureté,
Plus que celuy qui hauts honneurs,
  acqueste.

De la Mousche, & de la Formis.

Fable. XXX.

LA Mouche prenant son es-bat
Eut à la Formis vn debat,
Plus noble qu'elle se disoit,

Comme ville la desprisoit:
Disant, tu marches sur la terre,
Et ie vole en l'air par grand erre:
Tu habites en la cauerne:
Auec les Roys ie me gouuerne:
Tu manges bled, auoyne, & orge,
Et ie me paists à pleine gorge
Des viandes delicieuses,
Les belles filles gracieuses
Ie baise aussi en mon repos.
La formis rompant son propos
Luy dist, ie ne suis point villaine,
Si ie gaigne ma vie en peine,
Il me suffit, ie suis contente,
Ie suis stable, tu es vagante,
Ie mange mes grains en grand' paix,
Et du reste tu te repais:
L'homme prend exemple sur moy,
Mais chacun te chasse de soy:
L'hyuer tu mourras de froidure,
Ou par faute de nourriture:
Sur moy donc ne te glorifie,
Car celuy est fol qui se fie,
En son cuider, & viure pense
Sans peine, labeur, & science.

Ne se comparer à plus grand
que soy.

Tout homme qui s'exaltera,
En fin humilié sera:
Mais celuy sera exalté,
Qui viura en humilité.

De la grenoille, & du
boeuf.

Fable. xxxi.

PRes vn estang, quelque Bœuf cheminoit
Et la Grenoille en ce lieu se tenoit,
Laquelle veid du Bœuf la grandeur haute,

Lors par orgueil s'enfle, se monstre, & saute
Contre le Bœuf, qui vers elle venoit.
　Elle vouloit à luy s'equiparer,
Et comme grande & forte preparer:
Son fils luy dist, ainsi que bien appris,
Mere sçachez que n'estes rien au pris
De ce grãd Bœuf, pour vous y comparer,
Ce nonobstant la Grenoille s'enfla,
Et d'vn despit contre le Bœuf soufla.
Son fils luy dist, mere vous creuerez,
Et de ce Bœuf victrice ne serez:
Mais à ce mot de plus en plus ronfla.
Par fier desdaing & ire qui surmonte
Le iugement & aueugle la honte,
Enfla son ventre, & sur pied se leua:
Mais tout soudain par le milieu creua
A ce moyen fut bien loing de son coup.
　On voit cela bien souuent aduenir,
Que le petit qui se veut maintenir
Comme les grans, toute honte & dommage
Tombe sur luy à son desauantage,
Et à bon droict meschef luy peut venir.

Contre simulation.

Celuy qui se monstre ennemy
De cœur, sans simuler & faindre,
N'est tant à euiter & craindre,
Que celuy qui est faux amy.

Du Lyon, & du Cheual.

Fable. xxxII.

DEdans vn pré le Lyon rencontra
Vn beau cheual qui vouloit deuorer,
En medecin par feinte s'accoustra,
Prompt & sçauant en tel art se monstra,

Puis le salue afin de l'attirer,
Disant: Amy ie te veux desirer
Ioye & sancté au grand mal qui t'oppresse,
J'ay le sçauoir & cognoissance expresse,
Contre tous maux en donnant guerison,
Lors le cheual qui cogneut la finesse,
A telle fraude vne autre fraude dresse
Pour se garder, & le met à raison.

Ie suis ioyeux respondit le Cheual,
Qu'estes venu maintenant si appoint,
J'ay vne espine au pied qui me faict mal,
Qui s'y est mise en passant par ce val:
Puis que sçauez tel art de poinct en poinct
Ostez-la moy, & ne me blessez point:
Lors il leua la iambe de derriere,
Et au Lyon donne vn coup de carriere
Parmy le front, tandis qu'il regardoit:
Lequel voyant si subtille maniere,
Dist: c'est raison que deshonneur acquis
Qui entreprend plus outre qu'il ne doit:

N'estre orgueilleux, pour Prosperité.

Plusieurs sont de cœur esseuez,
En orgueil, & cherchent leur gloire,
Par la faute d'estre esprouuez,
Et n'auoir d'eux mesmes memoire.

Du Cheual, & de l'Asne.

Fable. xxxiii.

Bien accoustré de frain, de selle, & bride,
Vn beau Cheual marchoit sans quelque guide,

En hanissant par fierté de courage,
Si rencontra d'auenture au passage
Soubs vn grand faix vn'pauure Asne basté
Qui ne s'est point pour le Cheual hasté
De faire voye, & le Cheual par yre
En escumant luy commença à dire:
Asne meschant, & villain, comment est-ce
Qu'encontre moy prens chemin & adres[se]
O paresseux ne sçais tu point l'honneur
Qu'il cóuient faire à tó maistre & seigne[ur]
Recule toy lors que ie passeray
Ou par vengeance aux pieds te foulle[ray]
L'Asne obeit. Or apres il aduint
Que le cheual vieux & foible deuint
Ses aornemens son maistre luy osta
Et au charroy des champs le deputa
Et le voyant l'Asne ainsi mis au bas
Et qu'il portoit pour selle d'or, vn bas,
Menant aux champs le fiens & l'ordure,
Luy dist, amy, dou vient ceste auenture?
Ou est ta selle? ou est ton frain doré?
Et ton harnois richement decoré?

Ainsi, amy, à l'orgueilleux aduient,
Qui en la fin pauure & meschant deuien[t]
Et est mocqué contemné & repris
De ceux qu'il a iadis mis en despris.

Salaire, de desloyauté.

Celuy qui en prosperité,
Participe auec les siens,
Doibt aussi apres tant de biens
Auoir part à l'aduersité.

Des oyseaux, & des Bestes,

Fable. xxxiiii.

Les oyseaux liurerent bataille,
D'estoc & de taille
Aux bestes qui sont sur la terre,
Chacun a de vaincre esperance

Et asseurance,
Aussi chacun des deux craint guerre.
  La Chauue-souris non experte
Craignant que perte
Vint aux oyseaux, les delaissa,
Aux bestes elle s'alla rendre,
Leur party prendre,
Ainsi sa loyauté froissa.
  L'Aigle auec tous oyseaux volans,
Tous battaillans,
Eurent sur les bestes victoire,
Dont il s'ensuit en fin briefue,
La paix & tresue
En tout pays territoire.
  La Chauue-souris par son faict
Et grand mesfaict
Pource que son peché luy nuyt,
Ne fut en ceste paix comprinse,
Mais fort reprinse,
Depuis ne vola que de nuict.

Le loyer d'enuie.

La vie enuieuse
Est pernicieuse
A son propre Autheur,
D'enuie inuenteur.

Du Loup, & du Renard.

Fable. xxxv.

EN son terrier iadis vn Loup estoit
Gras & refait, plein de bien, & de proye:
Et le Renard, qui tels biens appetoit,
Ainsi qu'vn iour, ce Loup il visitoit,

LES FABLES,
Luy demanda pourquoy n'estoit en voye:
Pourquoy aussi menoit vie si coye:
Le Loup voyant qu'il est de ce repos,
Si enuieux, dit qu'il est mal dispos.

Ce fin Renard, voyant qu'il ne peut fair
Finesse au Loup, s'en va vers vn pasteur
Auquel il dist, tu peux ores deffaire,
Tuer, meurdrir, le loup ton aduersaire,
Viens t'en venger, ie suis ton conducteur,
Voila le lieu, ie ne suis point menteur,
Le pasteur entre, & tout de prime face,
Il rend le loup roide mort en la place.

Ioye de mal n'a pas longue duree,
Quand renard eut les biens du loup mangé
En s'en allant en malice asseuree
Des chiens chassant fut sa chair deschiree,
Et son peché fut lors sur luy vengé:
Se voyant donc iusqu'à mort outragé,
Dist, i'ay failly, ainsi puny doibs estre,
Tousiours peché tombe dessus son maistre

Folle oppinion.

Les choses qui sont à fuir,
Volontiers nous les appetons
Et bien souuent nous reiettons
Ce qui est bon, pour en iouir.

Du Cerf, qui se void en la Fontaine.

Fable. xxxvi.

EN la clere Fontaine
Vn Cerf se regardoit,
Et la grandeur hautaine
De ses cornes estendoit.

Ses cornes donc prisa
Pour leur force & hautesse,
Ses iambes desprisa,
Pour leur seiche maigresse.
En ce fol iugement,
Le veneur vient bien viste:
Plus que vent vehement
Le Cerf se met eu fuyte.
Les chiens le vont suyuant
Mais comme d'auenture
Le Cerf se mist auant
En la forest obscure.
Ses cornes se meslerent
Es branches de ce bois
En ce lieu s'arresterent
Suyui de tant d'abois.
Ses iambes loüé alors,
Et ses cornes desprise,
Qui ont faict que son corps
Soit de ses chiens prise.
Ainsi on nous pensons
Auoir felicité
Par contraires façons
Trouuons aduersité.

Ne prendre noyse à plus fort que soy.

Regarde bien deux fois cõmét
Tu commenceras quelque chose,
Qui pour autruy nuyre s'expose,
Reçoit en fin son payement.

Du serpent, & de la Lime.

Fable. xxxvii.

VN Serpent de toute force
Si s'efforce
Pour vne Lime ronger,

LES FABLES,

A l'entour sa queuë à torce
Se r'enforce,
Et la cuide en fin manger:
Cuide tu rompre & changer
Abreger
Mon dur fer, ce dict la Lime?
L'acier, qui se faict forger,
Trop leger
Contre mon pouuoir s'estime,
Que fais-tu meschante beste,
Dents, & teste
Rompras ains que me greuer.

Qui pour blesser autruy s'appreste,
Et s'arreste
Il void sa force acheuer,
Auant doncq' que d'estriuer
N'esleuer,
Regarde à qui tu prens guerre
Et vueille noyse eschuer,
Ou priuer
Te verras d'honneur acquerre.

Se deffier, des ennemys.

Si tu faits paix à l'aduersaire,
Ta prudence ne soit trompee:
Ne luy baille pas ton espee,
Elle t'est tousiours necessaire.

Des loups, & des Brebis.
Fable. xxxvIII.

Es loups ont eu de toute antiquité
Guerre aux Brebis, & bataille mortelle,
Fondee estoit sur fausse iniquité:
Mais les Brebis, pour garder leur querelle

Prindrent des chiens & deſſoubs leur tutel[le]
Et ſauue-garde elles ſe ſont rengees,
Pour eſtre mieux des meſchãs loups vẽge[es]
Qui ſe voyans foirent guerre mortelle
A ces brebis ils feirent paix fourree,
Leurs louueteaux baillerent pour oſtage:
Et les brebis par fiance aſſeuree
Baillerent aux loups à leur deſauantage
Leurs tresbons chiens, mais ce fut leur dom-
mage,
Car peu apres la guerre releuerent
Les louueteaux auſſi fort les greuerent
Quand paruenus ils furent en grand aage,
Les brebis donc de leurs chiens deſſaiſie[s]
Eurent l'aſſaut de ces loups tant meſchas,
Furent par eux les plus graſſes choiſies,
Quand les trouuoyent en l'eſtable ou au[x]
champs:
Ceux donc qui vont la treſue ou paix cher-
chans
A l'ennemy ne baillent leur deffence:
Car par apres ſeuffrent plus griefue offence
Et ſont battus de leurs glaiues tranchans.

Estre cause de son mal.

Qui se met en subiection
D'autruy, en luy faisant seruice,
Souuent pour vn tel benefice,
Il reçoit sa destruction.

De la forest, & du rustique.

Fable. xxxix.

Iadis vn homme de village
Auoit vne bonne coignee,
Et pour la faire à son vsage
Et luy bailler vne poignee

En vne forest s'en alla,
Et aux arbres d'icelle parla,
En leur demandant quelque branche,
Pour faire en la coignee vn manche,
Ce qui luy fut bien tost permis:
Mais quant elle fut emmanchee,
La forest par terre il a mis
Toute couppee & detranchee,
La forest sentant ceste attainte,
Et que ce mal souffroit par elle,
Fist piteusement sa complainte
Contre malice si cruelle.

A faire plaisir maints s'apprestent,
Et de leur bien à autruy prestent,
Dont ils sont mal recompensez
Et en la fin tres offensez
Il aduient maintesfois aussi,
Qu'vn homme sot ou va testu
Baille à son ennemy ainsi
Le baston dont il est batu.

Amitié, & societé humaine.

Comme il y a societé
Entre le ventre, pieds, & mains,
Ainsi sans contrarieté,
Doibt estre entre tous les humains.

Des membres, & du ventre.

Fable. XL.

VN iour s'esmeut à tort & par excés,
 Vn grand debat & dangereux procés,
Des pieds & mains à l'encontre du ventre,
Luy reprochant que dedans son sac entre

Tout leur labeur, voire du bien autant
Qu'ils en gaignoyent & n'estoit pas côtent
Dont à la fin se voulurent distraire
De luy bailler le viure necessaire.
Le ventre crie & demande à manger,
Les pieds & mains ne s'y veulent renger,
Par la faim donc qu'il auoit endurée,
N'estoit possible auoir plus de durée:
Son sang, nerfs s'en vont affoiblissans,
Et quand & luy les membres perissans:
Lors les deux mains lasses de tant souffrir
Boire & manger luy voulurent offrir:
Mais c'est trop tard, car en bref il fina
Et quand & quand les membres ruina.

Tout ainsi doncq' qu'vn membre a son re-
  cours
A l'autre membre en demandant secours,
Par mutuelle & tres-bonne amitié,
Deuons auoir l'vn de l'autre pitié.

Contre richesse superflue.

Superfluité
Doibt estre cachée,
Richesse cachée,
Produit pauureté.

Du singe, & du Renard.

Fable. xli.

LE Singe, ingenieuse beste,
Fist au Renard vne requeste
Luy donner par amitié
Sa queuë vne grande moitié,

Pour seruir à couurir ses fesses.
Le Renard tout plein de finesses
De ce faire fut refusant,
Et s'excusant en luy disant,
Que sa queuë ne luy nuysoit,
Comme le Singe luy disoit,
Et combien qu'elle fust crottée
Ne seroit point par luy ostée.

Plusieurs sont au Renard semblables,
Qui ne sont pas plus amyables,
Et ce qu'ils ont plus d'abondant,
Le refusent au demandant,
Par vn desir d'amour extresme,
Qui ne veut du bien qu'à soy-mesme,
En laissant perir & gaster
Ce qu'à autruy peut profiter.

Fortune reiette les craintifz.

Le trop couard craintif, de sesperé
De son salut n'est iamais asseuré,
Soit chez autruy, ou qu'il soit chez
  le sien.
Eschappé n'est qui traine son lien.

Du Cerf, & des Bœufz.

Table. XLII.

VN Cerf fuyoit deuant les chiens courãs
 Pour se sauuer se mist en vne estable
Dans estoyent plusieurs bœufs demourans,
Leur requiert qu'on luy soit fauorable,

L 2

Et qu'on permette en ce lieu secorable
De se musser:l'vn des boeufz luy va dire,
Tu n'es pas bien:il n'est point de lieu pire
Que cestuy cy,pour y trouuer mercy:
Car si tu es trouué caché icy,
Tu souffriras la mortelle poincture
Le Cerf fuitif de craincte tout transi
Y demeura,print le hazard aussi
De vie ou mort pour derniere aduenture.
   Le seruiteur pour appaiser la faïm
De tous ces bœufz leur vint donner repas,
Le Cerf estoit caché dedans le foing
Si tres-auant qu'il ne le trouua pas:
Le maistre aussi vint apres pas à pas,
Lequel ainsi que dans le foing cherchoit
Trouua le Cerf,qui dessoubz se cachoit
Là il fut prins & occis tout à l'heure.
   Vn malheureux en vain cherche & labeure
Pour se sauuer il est en la fin prins,
Mais c'est par luy qui ne tient voye seure
Et n'y a lieu qui le caché ou asseure,
Puis que fortune a sur luy entrepris.

D'ESOPE.

Dieu ne peut estre deçeu.

A l'heure que nous pechons
Des homme, on nous cachons:
Mais tant soit secret le lieu,
N'y a rien caché à Dieu.

De deux adolescens.

Fable. xliii.

Eux ieunes fils firent semblant
De marchander quelque viande,
L'vn asseuré & non tremblant,
Ce pendant que l'autre marchande,

L 3

Desrobe piece de chair,
Et à son compagnon la liure
Soubz son manteau luy faict cacher,
Afin qu'apres en puisse viure.

Le Cuysinier la demandant,
Tous deux ignorent sur ce pas,
Le larron fut lors respondant,
En disant qu'il,ne lauoit pas:
Le receleur en s'excusant,
Luy dist qu'il ne l'auoit pas prise,
Ainsi vont c'est homme abusant,
Sans trouuer dessus eux reprise.

Le Cuysinier voyant la feinte,
Et qu'il ne la pouuoit r'auoir,
l'adresse (dist-il) ma complaincte
A celuy qui peut tout sçauoir
Le larron m'est ores caché,
Mais Dieu qui void & pres & loing,
Cognoist assez vostre peché,
Et en est le iuge & tesmoing.

Estre sage à ses despens.

Vn homme qui a fait l'espreuue
Et la certaine experience,
Croyez que plus sage il se treuue
Et plus subtil en sa science.

Du Chien, & du Boucher.

Fable. xliiii.

VN chien gourmād de l'estat d'vn bou-
cher
Si emporta vne piece de chair
Puis il se print à fuyr & marcher
En course experte:

Et le boucher marry de ceste perte,
Et que de luy ne sera recouuerte,
Crie apres luy en voix clere & apperte:
Ô larron chien
(Dist-il) tu prends & emportes mon bien
Vne autre fois me garderay si bien
Et sagement, que n'emporteras rien,
Soudainement
T'en es fuy, sans craindre aucunement
Punition, batture, ou frappement
Comme il t'est deu à droit iustement,
Mais ie seray
Plus diligent, car ie te guetteray,
Et si tu viens de toy me garderay,
Vn plus grand soing dessus mon fait i'auray.
  Perte & dommage
Enseigne l'homme, & le faict estre sage,
Apres qu'il a esté pris au passage
Au moins s'il a de raison quelque vsage
Car imprudent & fol celuy seroit,
Qui plusieurs fois tromper se laisseroit.

Contre les faux tesmoings.

Le commandement de la Loy,
Condamne tous faux tesmoingnages
En faux tesmoing, n'a point de foy,
Garde toy de luy, comme sage.

Du Chien, & de la Brebis.

Fable. xlv.

EN plein iugement
Frauduleusement
Chien fist demande
De pain & viande,

A la brebis douce
Qui trop se courrouce
Comme non contente,
De debte innocente,
Et respond au Chien,
Que ne luy doibt rien.
　Le Chien enuieux
Tres-malicieux
Ameine à leur tour
Le Loup, le Vaultour,
Le Milan aussi,
Qui ont dict ainsi,
Par foy tesmoignage,
Qu'elle doibt & gage
Le pain demandé,
Alors commandé,
Luy fut de payer
Sans plus dessayer:
Dont ainsi iugée,
Du chien fut mangée:
Car le pain n'auoit,
Que payer deuoit,
Par tel faux rapport
On luy fist ce tort.

S'accompagner des bons.

Auec le sainct, sainct tu seras,
Mais auecques l'homme peruers,
La bonté tu peruertiras,
Car ils font actes tous diuers.

De l'aigneau, & du loup.

Fable. xlvi.

LE loup r'encontra vn cheureau,
Comme il estoit cherchant sa proye,
Auec luy estoit vn Aigneau,
Auquel dist, en parolle coye:

Pourquoy t'es-tu mis en la voye
Auec ce vilain bouc puant,
Qui te maine comme vn truant?
Laisse le la, il est trop laid
Et t'en viens succer le bon laict
De ta mere qui là t'atend,
Lors luy monstra vn lieu latent
De bois obscur en esperance,
Qu'a l'y mener il fera tant
Que de luy remplira sa pance.

L'Agneau qui se grand loup regarde,
Luy dist ma mere m'a commis
A ce cheureau qui m'a en garde
Encontre tous mes ennemys,
Tu t'es en vain en peine mis
Pour m'emmener il vaut trop mieux
Suyure ce Cheureau gratieux,
De qui n'auray aucun dommage,
Que toy qui es tout plein d'outrage,
Car auec les bons on est bien,
Mais auec les malings courages
On ne peut profiter de rien.

Mutation d'estat, ne peut muer
les mœurs.

A grand'peine sçauroit on faire,
D'vn Chat-huant vn Espreuier,
Et qui se pense contre-faire,
Ne peut à son blasme obuier.

De la chatte muée en féme

Fable. xlvii.

VN Iouuenceau trop fol & mal appris
Fut de l'amour d'vne Chatte surprins,
Qu'il nourrissoit voire si ardamment,

Qu'il supplia affectueusement
Venus afin qu'elle muast icelle.
Chatte amoureuse en trefbelle pucelle:
Venus voulant plaire au vouloir infame
Du iouuenceau, lors transmua en femme
La beste muë, & la feit accomplie
Le ieune amant adonc se resiouist,
Et de sa dame à son aise iouist:

 Mais il aduint que pour sçauoir si elle
Estoit en mœurs femme bien naturelle,
Venus laissa passer vne souris
Par deuant elle, ô qu'il y eut de ris
Icelle femme aussi tost qu'elle veit
Ceste souris, elle la poursuyuit
En oubliant sa beauté corporelle,
Et ensuyuant sa vertu naturelle:
Dont venus de cela despitée
Sa forme humaine lors il luy a ostée.

 Ainsi aucuns qui font mutation
De leur estat, sont en complexion
Si deprauez que de tout bien s'estrangent,
Et leur malice en bonté point ne changent

Ayder l'vn à l'autre.

Charité, ne quiert point le sié,
Mais tant seulement luy suffit,
De faire à autruy quelque bien,
Tant peu luy chaut de son profit.

De l'Asne, & du Cheual,

Fable.   XLVIII.

VN Villageoys menoit en vne foire,
L'asne basté de son faix trop chargé,
Et vn cheual plein d'orgueil & de gloire,
Lequel estoit de tous poix deschargé:

L'Asne trop las de sa charge pesante,
Prie au cheual que secours luy presente,
Ou qu'il faudra que soubz le fardeau meure
Mais le cheual ayde & secours luy nie,
L'asne mourant soubz la charge demeure
Faute d'auoir meilleure compaignie,
　Le villageoys voyant l'Asne abbatu
Prend le fardeau le met sur le cheual,
Auec cela il fut tresbien battu;
Et à bon droit à receu double mal,
Helas(dist il)moy pauure miserable,
Qui n'ay esté à l'Asne secourable
Le mal que i'ay ie l'ay bien merité
　Quiconque veut à autre auoir recours,
Quand il le void en la necessité,
Du bon du cœur luy doibt donner secours

Hanter gens de bien.

Les meschans & les vacabons
Gastent cestuy-là qui les hante,
Mais qui conuerse auec les bons
Ne peult mener vie meschante.

Du foulō, & du charbōnier.

Fable. xlix.

VN charbonnier maintes fois inuita
    Quelque foulon pour demourer en-
semble.
Mais le foulon par responce euita

Vn tel logis qui propre ne luy semble?
Car (disoit-il) ton mestier ne ressemble,
En rien au mien, on le void par effect,
Et aurois peur que ce que i'auois faict
Beau, net, & blanc apres l'auoir mouillé,
Par ton charbon qui la blancheur deffaict
Ne fust bien tost tout gasté & souillé,

 Les gens de bien nous deuons honnorer
Et les hanter en tout temps & saison:
Auec meschans ne deuons demeurer,
Car des-honneur habite en leur maison.
Fuyons donc ceux qui n'vsent de raison:
Leur compagnie est pire que la peste,
Suiuez des bons la compaignie honneste,
Vostre vertu tousiours s'esclaircira
Si vous suiuez personnes des honnestes,
Vostre renom tant plus s'obscurcira.

Qui trompe autruy, il se deçoit.

Qui tasche à autruy deçeuoir,
Soit par fraude ou par menterie,
On le void en fin receuoir
Le loyer de sa tromperie.

Fable. L.

De l'Oyseleur, & du Serpét.

VN Oyseleur vn iour alloit
Chasser oyseaux à la pipée,
Il veid vn Couleu qui volloit,

Le Coulon sur l'arbre se perche
L'oyseleur y va ses rets tendre,
Qui les poinctz & les moyens cherche
Comme il pourra le coulon prendre,
 Ainsi qu'il estoit d'auenture,
En aguet vn serpent caché
Luy fist au pied griefue pointure,
Car il auoit sur luy marché,
 O miserable que ie suis
(Dist l'Oyseleur) lors que ie pense
Surprendre autruy, las ie ne puis,
Car vn autre me faict offense.
 J'auois à mon cas bien pourueu,
Pour prendre l'oyseau en ma retz,
Mais i'ay esté à l'impourueu
Detenu & mis en arrest.
 Homme qui veut homme tromper,
Et faict à autruy vne fosse,
On le void en fin attraper,
Et tomber en ruyne grosse,

Le conseil, merite la peine du faict.

Le conseil donné du mal faire,
N'a moindre piene merité
Que le mal faict de l'aduersaire,
Car ilz sont d'vne qualité,

De la trompete, de Guerre.

Fable. LI.

VN qui sónoit la trompette en la guerre
Fut au combat prins par les ennemys
Comme captif on le lie, on le serre.

LES FABLES,
Lors il se print à humblement requerir
Qu'en liberté il fust par eux remis:
Car(disoit il)ie n'ay homme à mort mis,
Et contre aucun ie n'ay porté les armes,
Ny ie ne veux. Lors disent les gensdarmes,
Tu n'occis point,mais tu donnes l'assault,
En prouoquant les conflitz & alarmes
Les durs combatz, & les mortelz vacarmes
Ainsi plusieurs meurent par ton deffault.

 Aucuns aussi par leur conseil meschant
Pechent autant que les executeurs:
Quiconque va le mal d'autruy cherchant
Soit qu'il ne frappe auec glaiue trenchant,
Mais de la langue ainsi que les menteurs:
Semblablement tous calumniateurs
Conseillans mal,ne sont moins à blasmer
Que les facteurs,moins on les doibt aymer:
Car la plus part est cause des malfaictz,
Et telles gens sont bien à diffamer,
Dont le conseil qu'on doibt desestimer,
Ne vaut pas mieux que les meschãs effectz

Liberté.

Liberté est souuent bannie
Des haults lieux & royalles courtz
Car sa puissance est la finie,
Et seruitude y a son cours.

Du loup, & du Chien.

Fable. LII.

Dedans vn bois tout semé de verdure
Vn Loup trouua quelque Chien d'a-
uenture.
Qu'il salua, l'interrogant de faict

Comme il estoit si gras & si refaict,
Le chien respond,ie flatte ainsi mon maistre
Lequel me donne assez bien à repaistre
Des bons morceaux de sa table tant grasse
Et qui plus est i'a y l'amour & la grace
De tout chacun.O que tu es heureux
(Ce dit le loup)& moy trop langoureux,
Lors dist le chien:Amy laisse ces bois
Et viens loger au haut lieu là ou ie vois
Chez mõ seigneur:lors ilz s'en võt ensemble
Et en allant le loup dist:Il me semble
Qu'au col tu as colier:pourquoy est ce?
C'est(dist le chien)vn colier qui m'opresse,
Et qui resiste à la ferocité
Que ie soulois auoir en liberté,
Le temps passé ie soulois les gens mordre:
Mais mon seigneur y a mis si bon ordre
En m'enchainãt que ie suis bien plus doux
I'ayme mieux estre au bois auec les loups
(Ce dist le loup) en liberté planiere
Qu'estre captif en si dure maniere
Certes l'amour de ton maistre est dure,
Ie ne veux point de telle seruitude.
Petit seigneur sur peu est plus notable
Qu'vn grand subiect repeu en riche table.

Estre humain entre les
   siens.

Qui vers les siés mõstre sa cruauté
A grande peine aura il loyauté,
Aux estrangers,& chacune persõne
Doibt on fuir qui au siens ne par-
   donne.

Du laboureur,& des chiés.

Fable. LIII.

VN Laboureur l'Hyuer durant,
   Grand necessité endurant
Pour le fort temps qui lors estoit,

Mangea ses brebis & aigneaux,
Cheureaux cochons & ieunes veaux
Pour la faim qui le tormentoit.
 Quand tout cela fut deuoré
Que rien ne luy est demouré
Fors que les bœufz de sa charuë:
Nonobstant leur labeur rustique
Oubliant son gain & practique
En la fin pour manger les tue.
 Ses chiens les voyans mourir tous,
Disoyent ainsi. Que ferons nous,
Puis que nostre maistre inhumain,
N'espargne non plus qu'aduersaires,
Les bestes qui sont necessaires,
Gardons de tomber en sa main.
 Si tu es comme mercennaire
Auec vn homme debonnaire,
Ton loyer de luy tu prendras:
Mais auec vn fol courageux
Aux siens cruel & outrageux,
Ta vie & ton gain tu perdras.

S'apprivoiser auec les estrangers.

Tout ce qui n'est hanté,
Est trouué bien estrange,
Mais s'il est frequenté,
L'oppinion se change.

Du Lyon, & du Renard.

Fable. LIIII.

LE Renard au chemin trouua,
Le lyon beste fort terrible:
Qui luy sembla si tres horrible

Que de grād' peur fuyr & s'en va.
Il le trouua secondement,
Vn autre-fois dont il eut crainte:
Mais non pas de si sotte atteinte,
Qu'auoit eu premierement.

La tierce fois le rencontra,
Donc pour l'auoir veu si souuent,
Il mist hardiesse en auant,
Et sans peur à luy se monstra.

Auecques luy se mist en voye
Lors il le trouua si priué
Que d'estre vers luy arriué,
Il eut grande liesse & ioye.

S'appriuoiser est difficile,
Mais quād on à prins cognoissāce,
L'amytié prend pleine croissance,
Et le hanter où est facile.

L'accoustumance, en plusieurs
lieux,
Auec les grans nous appriuoise,
Les fīlz n'osiós pour peur de noise
Regarder entre le deux yeux.

Les moindres peuuent nuyre aux grands.

L'homme de condition basse
ut nuyre à vn plus grand que soy,
n dommage donc ne conçoy,
'vn mal plus grand ne te pourchasse.

De l'Aigle, & de la Renarde.

Fable.   LV.

'Aigle qu'on dit le roy de tous oyseaux
Vn iour trouua des petits Renardeaux
s du terrier, & des ce qu'il les vit,

Pour son butin il les print & rauit,
Et s'enuola auec ceste proye
Dedans son nid: la Renarde s'effroye,
D'auoir perdu ses faons, & s'escrie
Et humblement ceste grande Aigle prie
Les rebailler, dont l'Aigle ne tient conte:
 Ceste Renarde en sa colere monte
Et par courroux fut tellement faschée
Qu'au pied de l'arbre ou l'aigle estoit nichè
Fist vn grand feu, & disoit la renarde:
Or maintenant de ce peril te garde,
Toy & les tiens le feu l'arbre enuironne
Dont l'aigle à peu se complaint & estonne
Pour ses petits qu'elle ne peut sauuer.
 Ne sçachant donc nul remede trouuer,
A la Renarde elle requiert pardon
Pour ses oyseaux qui sont en l'abandon,
Du feu ardant Lecteur icy ie prens,
L'aigle voulant pour les riches & grands
Et la renarde aussi pour les petits
Dont les grans sont souuent assubiectis:
Car quãd on faict aux pauures quelq̃ offense
Pour s'en venger trouuẽt bien leur deffence

Porter la peine pour les
mauuais.

Auec les meschans ne te metz,
ueille toy d'iceux estranger,
Qu'il ne te vienne aucun danger,
el l'achepte qui n'en peut metz.

Du laboureur & de la Cigoigne,

Table. LVI.

VN rustique,
Cholerique,
 ... a couvert.

Grues oyes,
Et les Oyes,
Qui mãgeoyét son bled en verd,
Oyes, Grues
Retenues
Furent au retz & ficelles,
La Cigoigne
Ne s'esloygne,
Mais fut prinse auec icelles,
Salut quiert,
Et requiert,
Au laboureur sa franchise,
Point ne pense,
Quelque offence;
Auoir contre luy commise.
  Tu mourras
Et n'auras,
(Dict le Laboureur) mercy,
Qui s'y treuue,
Il espreuue
Qu'a chacun on faict ainsi.

Chercher occasion de mal
faire.

Le mauuais qui cherche la mort
D'autruy, ou luy faire dommage:
S'il n'a par droit quelque auantage,
Toutes-fois le fera à tort.

Du Chat, & du Poulet.

Fable. lvii.

VN Chat plein de feintise,
Remply de friandise,
Print vn Poulet d'assaut:

Par vn tour de maistrise,
Sur luy la p'ate a mise,
Disant, Mourir te faut,
Car tu cries si tres-haut
Que chacun en tressaut,
A mi-nuict i'en suis seur:
Puis tu es vn ribaut
Incestueux si chaut,
Qu'à monter ne te chaut,
Sur ta mere, & ta sœur.

Le Poulet s'en excuse
Disant ainsi, i'en vse
Par la loy naturelle:
Mais le chat plein de ruse
Sa responce refuse,
Commë beste cruelle:
Et pour ceste querelle
Luy fist playe mortelle,
Puis son ventre s'en sent.
Tout ainsi par cautelle,
Et calomnie telle,
L'homme meschant flagelle,
Et destruict l'innocent.

La mauuaistié, d'énuie.

Enuie deuient toute seiche,
De veoir quelqu'vn bien à sõ aise:
Rien ne void qui ne luy desplaise
Du bien d'autruy, tant elle peche.

Du Chien, & du Boeuf.

Fable. lviij.

VN enuieux Chien,
　Sur du foin estoit,
Qui n'estoit pas sien,
Et s'y arrestoit:

Là se transportoit
Vn Bœuf pour repaistre,
Le Chien fist du maistre,
Et luy defendit:
Lors le Bœuf à dist,
O meschante enuie
Qui m'ostes ma vie,
O fascheux danger,
Ta gueulle allouuie
N'en sçauroit manger,
  Ainsi l'enuieux
D'autruy mal desire,
Sans qu'il en ait mieux,
Mais plus tost empire:
Si quelqu'vn aspire
Au bien qu'il attend,
L'enuieux y tend,
Et s'il peut resiste,
Sinon il est triste:
Soit richesse auoir
Lettres & sçauoir,
Beauté assouuie:
S'il n'en peut auoir,
Encor' il l'enuie.

L'innocent est tousiours foulé.

L'innocent,
Entre cent,
Et pour tous
A les coups.

De la corneille, & de la Brebis.

Fable. lix.

VNe Corneille se iouoit,
Sur le dos d'vne Brebis douce,
Elle trepignoit & marchoit

Si rudement qu'elle faschoit
Ceste Brebis qui se courrouce
Disant, si, par telle secousse
Tu faschois le chien ie t'asseure
Que tu aurois griefue morsure.
Ie sçay bien (ce dist la Corneille)
A qui ie me ioüe & m'es-bats,
Car les paisibles ie reueille,
Et les innocens ie trauaille,
A leur simplesse ie combats,
Mais aux mauuais ie ne debats:
Ie sçay bien ce qui en seroit,
Car le chien se reuengeroit.

Ainsi le doux & simple porte,
Tout le faix & toute la charge:
Mais le mauuais qui a main forte
On le soulage, on le suporte,
On n'ose luy faire dommage,
Par ainsi il a l'auantage
Il tient le milieu & le bout
Et l'innocent endure tout.

Se contenter, des dons
de Dieu.

Les graces sont de Dieu infuses
Et aux personnes diuisees:
Elles doibuent estre prisees,
Quand elles ne sont point cōfuses.

Du Paon, & du Rossignol.

Fable. lx.

LE Paon à Iuno consacré,
Se complaignoit à celle deesse
Qu'il n'auoit pas le chant à gré

Doux & plaisant:plain de liesse,
Et que le Rossignol l'auoit:
Car tant bien chanter il sçauoit,
Qu'il en estoit par tout loüé
Mais luy il chantoit enroué.
Lors dist la sœur de Iupiter,
O Paon il te faut contenter,
Si tu n'as le chant tres-plaisant,
Tu as plumage reluysant,
Cela te doibt reconforter.

Vn chacun doibt estre content
Des propres graces que Dieu donne:
L'vn en a peu, l'autre en a tant
Qu'il plaist à Dieu & qu'il ordonne:
L'vn à vne grace si bonne
A chanter, parler, & bien viure,
Qui ne sçauroit lire n'escrire,
L'vn ignorant riche de biens,
L'autre bien sçauant qui n'a riens:
L'vn en conseil sagesse pense
Pour mener guerre, & l'autre est fort.
Dieu ne te veut point faire tort,
Car tousiours il te recompense.

Plus par finesse, que par
force.

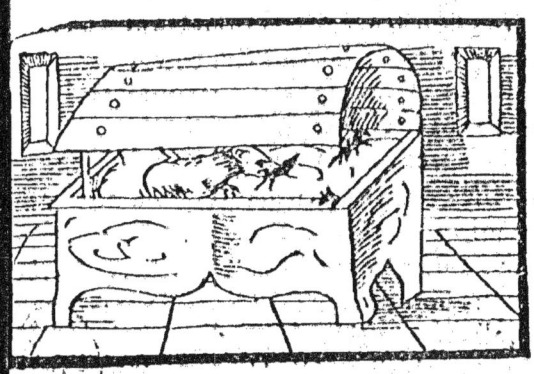

S'il te semble, que par la force
L'impuissant ne te puisse attaindre
Vray est, mais sa vertu s'efforce,
Et l'eau qui dort est fort à craindre.

De la mustelle, & des souris

Fable. lxi.

VNe Mustelle estoit tant enuieillie,
Que sa vertu & force estoit faillie,
Et ne pouuoit prendre à legere course,

Rats, & Souris, comme souloit : & pource
Elle pensa de trouuer la maniere
De se cacher en huche fariniere,
En esperant, que sa proye viendroit,
Et là dedans, à l'aise la prendroit,
Ce qui fut faict, car les Souris y vindrent,
Et leur repas de la farine prindrent,
Mais la Mustelle estant illec cachee,
L'vne apres l'autre à coupee & trenchee
A belles dents: ainsi soubs telle embusche
Les mist à mort toutes dedans ceste huche.

 Voila comment quand la force prend cesse
Il faut auoir recours à la finesse,
Et à l'engin qui la force surmonte,
Car tant que luy n'est legere ne prompte.

 Lisander dist, ce petit mot tant beau:
Tu feras plus, bien souuent par la peau
Du caut Renard beste subtile & fine,
Que ne setas par la peau Leonine.

Recognoistre le bienfaict.

Nous deuons estre diligens,
A recognoistre les biens faicts,
Qui par les autres nous sont faicts,
C'est la loy, & le droit des gens.

De la Formis, & de la colombe.

Fable. lxii.

VNe Formis alloit à la fontaine
 Ayant grand soif, & côme elle beuuoit
Cheut dedans l'eau par fortune soudaine,
Sur la fontaine vn bel arbre y auoit,

Et la Colombe estoit dessus perchee
Qui la Formis dedans l'eau nager se void
La voyant donc en l'eau si empeschee
Se submergeant, luy ietta vne branche,
Que de son bec elle auoit arrachee.
Lors la Formis à son pouuoir l'eau trenche
Et au rameau se ioignit & sauta.
Remerciant vne bonté si franche.
  Vn peu apres loyseleur arriua:
Et ses filets au-pres d'illec tendit,
Ses chalumeaux aussi sonner il va,
  Et ce pendant qu'a prendre il entendit
Celle Colombe, alors soudainement
Vint la Formis qui au pied le mordit:
  Lors pour ce mal receu si promptement,
Iette ses rets & chalumeaux à terre,
Dont la colombe eut peur & tremblement
  Pour la frayeur s'en vola à grand erre,
Et la formis remercia bien fort,
Qui son salut estoit venu acquerre.
  Qui secourir autruy faict son effort,
Le deliurant de peril & d'angoisse,
Et puis il tombe en quelque desconfort,
C'est bien raison qu'apres on le cognoisse.

Prudence requise à vn Prince.

Celle beauté qui l'hóme recómáde
Viét de lesprit qui est prudét & sage
L'autre beauté du visage, & corsage,
N'est pas du tout si louable ne grade

Du Paon, & de la Pie.

Fable. lxiii.

LEs Oyseaux n'auoyent point de Roy,
Pour les gouuerner & conduire:
Mais viuoyent sans Prince, & sans Loy,
Dont on void les regnes destruire,

Vn iour se meirent en arroy,
Afin qu'vn Roy peussent eslire:
Le Paon sa beauté alleguant,
Pour la beauté de son plumage
Se presente comme arrogant
Il fut esleu: mais vne Pie
Luy dist: nous te ferons hommage,
Si en toy n'est force assopie,
Et tu nous gardes de dommage,
Contre l'Aigle qui nous espie:
Mais si tu n'as point de vertu,
Comment nous deffendras tu?
Quasi disant il est requis
Non seulement beauté au prince,
Mais vn prudent sçauoir acquis,
Pour mieux gouuerner sa prouince,
Le sage Roy est plus exquis,
Qui defend le riche & le mince,
Que le beau remply de parage,
Qui n'a ne force ne courage.

Se chaftier, par autruy.

Plein de bõ fés & bié fage eft celuy
Qui fuit d'autruy la ruyne & cadẽce
C'eft vne aftuce & acte de prudéce,
Se chaftier par le peril d'autruy.

Du Lyon, de l'Afne, & du Renard.

Fable. lxiiii.

VN fier Lyon, vn Afne, & vn Renard,
S'en vont chaffer enfemble quelq part,
En la foreft branchée:
Tant ont chaffé, qu'ils ont corné la prife:

Et pour partir la proye ainsi surprise,
Elle fut detrenchee.

L'Asne qui trop d'audace s'attribuë,
A vn chacun le butin distribuë
Dont le Lyon despit,
Rougist & brait en sa fureur & ire,
Et l'Asne prend le despece & deschire,
Sans luy donner respit.

Puis au Renard bailla commission,
De faire entre eux la distribution,
Lors par prudence caute,
La moindre part à luy se reseruant,
De la grand part fut le lyon seruant,
De peur de faire faute.

Qui t'a ainsi (dit le lion ireux)
Fait si sçauant, si prudent, si heureux,
Lors le Renard parla;
Disant, le mal d'autruy m'a enseigné;
Car i'auois peur d'estre ainsi empoigné,
Que l'Asne que voyla.

Contre ceux qui appetent choses nouuelles.

Les choses presentes blasmons,
& les nouuelles nous aymons:
Mais on void en la fin aymer,
Ce qu'on souloit deuant blasmer.

De l'asne, & de ses maistres.

Fable. LXV.

L'Asne trop las de seruir desdaignoit
Le Iardinier, lequel estoit son maistre,
Et d'iceluy grandement se plaignoit,
O

Car des durs coups souuent se faisoit paistre
A Iupiter le donna à cognoistre,
Luy demandant vn maistre familiér
Lors Iupiter luy bailla vn tuillier:
Mais quand il void la charge trop pesante,
A Iupiter derechef se presente:
Luy suppliant luy faire ce bon-heur
(Veu que sa vie est rude & desplaisante).
De luy dôner plus doux maistre & seigneur.
 Iupiter rit, l'asne prie sans cesse,
Alors luy donne vn courroyeur de cuir,
Duquel souffrit maint tourment & destresse,
Et ne pouuoit les horions fuir.
Et hannissant il se faisoit ouyr
Disoit: Helas mal-heur sur moy s'estend,
Qui n'ay esté d'vn seul maistre content,
Ie suis tombé en la main du bourreau,
Qui ne pardonne à ma chair n'a ma peau:
C'est bien raison: Car qui tant veut changer,
Et rien ne treuue à luy plaisant & beau,
D'vn petit mal chet en vn grand danger.

D'ESOPE.

Cheoir d'vn peril en vn
plus grand.

Qui veut fuyr & euiter le gouffre
De Carybdis, quãd il viét pres de la,
Souuent il tombe au gouffre de Silla.
Auquel plus grand danger & peril
souffre.

De la vieille, & de ses
Chambrieres.

Fable. LXVI.

Vne Vieille auoit des seruantes,
Qu'elle esueilloit auant le iour,
Estant du Coq bien obseruantes,

LES FABLES,
Se leuoyent sans faire se-iour.
   Voyans doncques ce fascheux tour
Et ce tresennuyeux resueil,
Qui les excitoit du sommeil,
Dont le Coq chantoit la vraye heure,
Dirent ensemble, il faut qu'il meure,
Lors selon leur conclusion,
Du coq firent occision,
Mais leur malice en vain labeure.
   Ces chambrieres furent frustrees
De la folle & vaine esperance,
Elles furent mal rencontrees,
De leur maistresse qui les tance:
Car sans paix, repos, ne constance,
Les esueille chacune nuict,
Auec vn tumulte & grand bruict,
Et les faict plus matin leuer.
   Qui donc veut vn mal escheuer,
Par faict iniuste & vicieux,
Chet en mal plus pernicieux,
Qui d'auantage peut greuer.

Ne s'estimer heureux, selon
le monde.

Les grands & riches ne sont pas
Si heureux qu'a chacun il semble,
Le pauure qui petit assemble
Prend plus gayement son repas.

De l'Asne, & du Cheual.

Fable. lxvii.

L'Asne reputoit bien-heureux
Le Cheual gras & en bon poinct,
Et se tenoit tres-malheureux

Car de repos il n'auoit point:
On me pique(dist-il) & poingt,
Ie vois aux champs tousiours chargé
Et le cheual est mis à point,
Aymé, nourry & hebergé.
   Or aduint il qu'on publia
En ce pays guerre mortelle,
Le cheual on y enuoya
Garny de harnois & de selle,
Combien qu'il fust dur & rebelle,
On luy mit le mortz en la bouche,
Et pour soustenir la querelle
On le conduit à l'escarmouche.
   Ce voyant l'Asne rendoit graces
Aux dieux de ce qu'ils ne l'ont faict
Cheual pour ensuyure les traces
De guerre qui chacun deffaict,
Mieux aymoit estre Asne imparfaict
Que Cheual piqué & dompté,
Cognoissant que peu vaut l'effect
Des grands, puis qu'il est surmonté.

Ne se laisser deceuoir soubz l'ombre d'vn bienfaict.

Tous ceux qui ont vn beau parler
Ne sont pas vrays amys fideles
Car dessoubs paroles si belles
Le mal se peut dissimuler.

Du Vaultour, & des petits Oyseaux.

Fable. lxviii.

LE vaultour fist semblant de celebrer
Vn beau banquet & copieuse feste,
Pour son natal en ce iour remembrer,

Afin qu'il fust aux oyseaux manifeste:
Tout l'appareil dedans vn temple appreste,
Et au soupper petits oyseaux inuite,
Qui vindrét tous: puis du temple bien viste
Les portes ferme, & la tout demeura,
Rien n'y vallut la priere ne fuyte,
L'vn apres l'autre en fin les deuora.
Soubs l'ombre donc de quelque bel acueil,
Gardôs nous bié d'estre en ce poinct surpris
Si on nous faict vn gracieux recueil,
Considerons ainsi que bien apris,
Si aucun mal est point dessoubs compris
Car soubs miel le fiel est musse:
Quand tout cela sera ainsi pensé,
Vainqueurs serons des secrettes enuies
De l'ennemy le faict sera pensé,
Sãs pouuoir nuyre aux honneurs ny aux vi-
ces,

N'entreprendre outre ses forces.

Qui plus que ne doibt entreprédre:
Et ne met fin à l'entreprinse,
Chacun l'arguë & le reprend,
Et ne trouue homme qui le prise.

De l'Aigle, & du Corbeau.

Fable. LXIX.

L'Aigle volant d'vne tref-haute roche
Descēt en bas, & pres d'vn parc s'aproche
Auquel choisit vn Agneau blanc & tendre

LES FABLES,
Et dessus luy vint ses pates estendre,
Des ongles serre & l'emporte & rauit.
Le noir Corbeau qui ceste proye void,
Cuyde ainsi faire & dans le parc s'en vint,
Ou il esleut vn mouton entre vingt,
Le plus refaict sur lequel s'est assis:
Mais aussi tost ses oncles endurcis,
Se sont meslez & hers à la laine,
Et d'autant plus qu'il prenoit grand peine
Au mouuement des æsles pour voler,
Et d'autant moins se ponuoit demesler.
 Lors vn pasteur qui veid ceste folie,
Acourt bien tost, puis le prend & le lie,
Les æsles couppe & sans autre debat
A ses enfans le baille pour es-bat,
Dont l'vn d'iceux l'interrogua, disant:
Mais qui es tu oyseau tant desplaisant?
Helas (dist-il) pour vray ie me pensoye,
Vne grande Aigle, & ne me cognossoye,
Mais ie voy bien que ie suis vn Oyseau,
Moindre de tous qui m'appelle Corbeau,
C'est à bon droit s'il m'en est ainsi pris
Pource que i'ay sur ma force entrepris.

Se tenir à ce qu'on a.

Qui laisse aller ce qu'il tient en ses
  mains,
En esperant auoir meilleure chose,
Maintefois perd, & treuue beaucoup moins
Telle esperance est de son fruit for-
  close.

Du Rossignol, & l'oiseleur

Fable. LXX.

LE Rossignol sur vn chesne chantoit,
Se desguisant ainsi qu'il a d'vsage,
Pres de ce lieu vn oyseleur estoit,

Qui aux filets le Rossignol guettoit,
Pour le manger en rost ou en potage,
Il luy fist peur, le Rossignol volage
Se mist en fuyte, aux Rets fut aresté,
Donc l'Oyseleur le print à ce passage,
Qui trop se haste est estimé peu sage
Quand tombe aux lacs ou il est aguetté.

Le Rossignol prie à c'est Oyseleur
De le lascher, car peu de chose il monte
Pour tel mangeur & si grand aualleur,
Et qu'autre Oyseau de plus grande valeur,
Prendre pourroit, l'Oyseleur n'en tiet conte
Mais respondit ce me seroit grand honte
De te quiter, certes tu en mourras,
Par fol espoir qui l'imprudent surmonte,
Ie ne croiray en parole si prompte,
Mieux vaut vn tien, que deux fois tu auras.

D'ESOPE. 71

Regarde la fin de son
œuure.

Ce n'est pas tout que commencer,
Il faut voir si la fin est bonne:
Car lors n'est pas temps d'y penser
L'œuure par la fin se couronne,

Du Renard, & du Bouc,

Fable. Lxxi.

VN fin Renard & vn Bouc s'en allerent
Boire en vn puits, auquel ils deualerēt
Apres auoir bien beu leur saoul tous deux,

De leur sortir furent assez douteux:
Mais le Renard garny de sa cautelle,
Dist à ce bouc vne parole telle:
Prenons courage apres la peur receuë,
I'ay aduisé le poinct de nostre yssuë,
Faits mon conseil ne le mets en arriere:
Si tu te veux sur les pieds de derriere
Dresser debout,& tes deux cornes ioindre,
Contre le mur d'agilité non moindre,
Qu'a vn bon cerf,d'icy ie sauteray,
Et cela faict dehors t'en tireray,
Le Bouc le creut,le Renard dehors saute,
Puis il reprint le Bouc de sa grand' faute,
En le mocquant & luy niant secours,
Disant ainsi,si tu eusses recours
A la prudence,au sçauoir,& vsage,
Comme ta barbe en porte tesmoignage,
Penser deuois deuant qu'entrer au puits
Si tu pourrois sortir comme ie suis.
Car le prudent,le bien sage & bien fin:
De tous ses faicts il regarde la fin:
La fin du faict,il n'est iamais deçeu,
Comme en tout arts dont la fin est pensee,
Auant que soit quelque œuure commencee.

Chercher la commodité aux
despens d'autruy.

Soubs l'espece de charité
Et soubs l'ombre de verité,
Nous conseillons tant bien,
Mais c'est souuét pour nostre bien.

Du Renard sans queuë.

Fable. lxxii.

Quelque renard par la queuë estoit pris
Pour eschapper il la tréche & la coupe,
Parquoy craignant des-honneur & despris,

D'autres Renards il cuitoit la trouppe:
Lors il pensa ses compaignons tromper,
Les exhortans de leur queuë coupper:
Afin que soubs telle espece & tel nombre
Il peust cacher sa honte & son encombre,
Ainsi que font souuent les malheureux,
Qui pour auoir cófort cóme il leur semble,
Ne leur suffist d'auoir mal tout par eux,
Ains ils voudroyent comme ils sont langou-
reux,
Que chacun fust pour auoir part ensemble:
De ces Renards la compaignie estoit
Dedans vn champ, le Renard escoué,
Coupper la queuë à tous admonnestoit,
A celle fin qu'il ne fust desloué,
Leur suadant que la queuë si large
Estoit pour eux vne pesante charge.
  Lors vn Renard de ceux qui estoyent-là,
En soubs-riant pour tous ainsi parla,
Disant, Amy, pource que l'accident
T'osta la queuë, il est bien euident
Que pour couurir ton mal & infortune,
Tu voudrois bien l'espece estre commune:
Mais ton conseil est sot & imprudent,

Ne demande ayde á celuy qui
naturellement nuyt.

Il est fol qui secours demande,
A celuy qui nuyt par nature,
Dont la malice ne s'amende
Baillant pointure pour ointure.

Du Renard, & du Buisson.

Fable. lxxiii.

VN autre Renard ayant peur
Du Veneur, court vers vne haye:
Mais lors fut trompé le trompeur

Quand pour grimper amont s'essaye,
Voulant trouuer chemin & voye,
Et dedans l'espineux buisson,
Des pointes receut maintes playes,
Dont il eut griefue marrisson.

Lors en gemissant & plourant
Dist au buisson, ie viens icy
Pour estre ton ayde implorant,
Et tu me naures sans mercy:
Le Buisson luy respond; aussi
Renard tu erres grandement
Car tu me pensois prendre ainsi,
Que prens les autres cautement.

C'est grande follie de querir
Secours à celuy qui veult nuyre,
Et qui tasche à faire perir
Le demandeur pour le destruire.
Ceste fable aussi veut instruire
De se garder d'estre surpris:
Plus que soy-mesmes on trouue pire,
Et tel veut prendre, qui est pris.

Porter patiemment les iniures.

On endure bien doucement
Iniure de son aduersaire,
Quand on sçait veritablement,
Qu'il est couſtumier de ce faire.

De la Perdrix, & des Coqs.

Fable. lxxiiii.

Qvelque Laboureur acheta
Vne Perdrix, pour son plaisir,
Dedans son hostel la porta,
Et toute nuict la fist gesir

Auec les Coqs au poullaillier,
Lesquels là vindrent trauailler,
Et de leurs becs la picquoterent,
De leur fiente l'infecterent,
Dont la perdrix plaint & lamente,
Pensant que ce soit la maniere,
Que pource qu'elle est estrangere,
On la batte ainsi & tourmente.

Ceste Perdrix vn peu apres
Void ces Coqs qui s'entrebattoyent,
L'vn de l'autre approchoyent si pres,
Que des ongles & becs ioustoyent:
Ie n'ay (dist elle) de merueille,
S'ainsi on me fasche & trauaille,
Veu que ces Coqs d'vne nature,
Ont entre eux vne guerre dure.

L'iniure à porter est facile,
Du mauuais & l'iniurieux,
Qui d'vne coustume inciuile
Est à tous ainsi furieux.

D'ESOPE.

Estre semblables en paroles,
& en mœurs.

Vn traistre, vn trópeur, ou moqueur
S'il te sermonne, ou te harengue,
Tu doibs bien penser que sa langue,
N'est point correspódáte au cœur.

Du renard, & du Forestier.

Fable. lxxv.

VN Renard estoit par les Veneurs chassé
Et tant courut qu'il en estoit lassé;
res d'vne tente & cabane arriua.

LES FABLES,
Ou tout ioignant vn Forestier trouua,
Auquel il fist la supplication,
De luy monstrer lieu de saluation
Pour se musser, Forestier monstra
Son petit toict, le Renard y entra,
Et se cacha en quelque petit coin.
Iceux Veneurs qui le suyuoyent de loing,
Au Forestier demanderent s'il a
Veu vn Renard, lequel fuyoit par là
Le Forestier par sa fraude maligne
Monstrant le lieu de main leur fist signe,
Qu'il estoit là: mais il dict de la bouche
Ne l'auoir veu, chacun veneur s'approche
Et le Renard pas derriere s'eschappe
Si que par vn des Veneurs ne l'atrappe:
Et cela faict, le Forestier se courrouce
A ce Renard, & l'iniurie, pource
Qu'il ne luy a rendu mercy & graces,
Dict le Renard i'ay bien veu tes fallaces,
Si tu auois les mœurs & le courage
Sans simuler pareils à ton langage
Gré t'en sçaurois, mais côte on ne doit faire
D'vn qui a cœur à la langue contraire.

Faire du bien par force.

Ceux qui sõt durs au doux parler
Et ne font rien, que par cõtraincte,
Il leur faut bailler vne craincte,
Et les frapper, & mutiler.

De l'homme, & de son dieu de bois.

Fable. lxxvi.

VN Homme auoit en sa maison,
Vn dieu de bois, qui estoit creux
Qu'il prioit en toute saison,

LES FABLES,
Le faire riche & bien heureux:
Mais tant plus son dieu il prioit,
Et moins son bien multiplioit,
En fin tombe en indigence
Parquoy son dieu iniurioit,
Taschant d'en faire la vengeance.
　Cest homme en courroux incité,
Par les deux iambes print ce dieu,
Et d'vn despit tout irrité,
Le ietta par terre en ce lieu:
La statuë tant deprisa,
Que la teste en piece brisa,
Dont il issit or & argent,
Que cher estima & prisa,
Comme necessaire & vrgent.
　L'homme recueillant la richesse
Disoit, tu es traistre & peruers,
Tu te veux auoir par rudesse,
Et par tourmens durs & diuers:
Quand ie t'ay porté tout honneur,
De rien ne m'as esté donneur,
Ie n'en ay eu rien que par force.
Le mauuais est donc faict meilleur,
Quand on le contrainct & esforce.

D'ESOPE.

Ne s'asubiectir, pour nuyre à
autruy.

Qui se met en subiection
D'aucun, pour à son prochain nuire
Tant mieux pense son faict côduire
Tant plus void sa destruction.

Du Cerf, & du Cheual.

Fable. LXXVII.

COntré vn grand Cerf, vn Cheual auoit
guerre,
Et pour le battre, il le suyuoit grand erre,

LES FABLES,
Mais voyant bien qu'il n'en seroit le maistre,
Pria vn homme afin qu'il luy pleust estre
Son adiuteur à vaincre celuy Cerf
Tant que soubs luy il fust vaincu & serf:
L'homme l'accepte,& afin qu'il le guide,
Luy met la selle & le mors; & la bride,
Monte dessus,& tous deux vont apres
Le Cerf cornu, le fuyuant de si pres
Qu'il l'ont saisi, le Cheual glorieux
D'auoir esté du Cerf victorieux,
Rend grace à l'homme,& le prie descendre,
De dessus luy, mais il n'y veut entendre,
Ains luy respond que soubs luy demourra,
Et que de l'homme au seruice mourra,
Puis qu'il s'estoit mis dessoubs sa puissance
Falloit par force y faire obeissance.

En pareil cas plusieurs en liberté
Veulent combatre & nuire à pauureté
Et pour la vaincre ils amassent richesses,
Thresors mondains, par fraudes & finesses,
Dont il aduient que par force d'escus,
Estans victeurs ils demeurerent vaincus,
D'vn cruel monstre & tres damnable vice,
Qui est nommé famelique auarice.

Se resioüir des choses qui apportent le mal.

Bien souuent ce qu'on pense
Estre tresprofitable,
Contre toute esperance,
Se trouue dommageable.

Du chien inuité au banquet.
Fable. LXXVIII.

VN homme auoit semond vn sien amy,
A vn banquet que chez luy appresta,
Son chien aussi qui n'estoit endormy,

Le chien de l'autre au banquet inuita,
Qui de venir à l'hostel se hasta :
Et quant il vit la cuysine garnie,
Il dist en soy, si bien ie soupperay,
Et tant sera ceste pance fournie,
Que de trois iours apres m'en sentiray.
 En se disant la queuë remouuoit,
En esperant s'en bailler par la mouë.
Le cuysinier qui r'esioüir le void :
Le prend soudain par la queuë & le rouë,
Trois tours en l'air ainsi comme on se iouë,
Puis le ietta en bas par la fenestre,
Dequoy il fut estourdy longuement.
Lors chancellant à dextre & à senestre,
Print à fuyr, criant horriblement.
 Les autres chiens qui le veirent courir,
Luy demandoyent s'il auoit bien repeu,
Luy qui pensoit (sans eschapper) mourir,
Leur respondit : ouy tant que i'ay peu,
I'en ay tant prins, i'ay tant mangé & beu,
Que ie ne sçay par ou ie suis sorty.
 Voila comment ne faut prendre liesse,
Pour quelque bien, lequel est conuerty
Le plus souuent en douleur & tristesse.

Labeur continuel, faict vn
grand thresor.

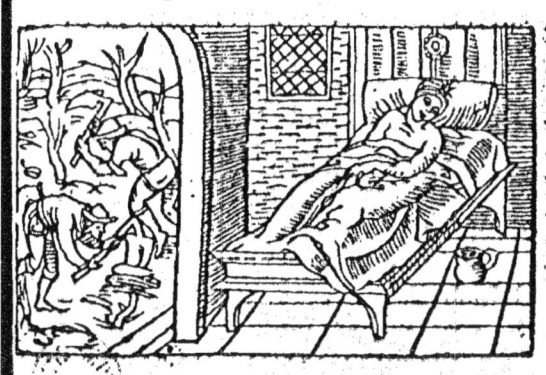

De peu à peu à grãd bié on paruiét
Quand par labeur d'estre riche on
　affecte
Auec espoir perseuerer conuient,
Car pierre à pierre est vne maison
　faicte.

Du laboureur, & ses enfans

Fable.. lxxix.

VN laboureur voyant finer sa vie,
De bié pouruoir ses enfans eut enuie,

LES FABLES,
En desirant les faire riches gens,
Par leur labeur s'ils estoyent diligens,
Se mourant dont il leur va dire ainsi:
Mes beaux enfans, apres ma mort, voicy
Que vous ferez ma vigne foüirez,
Et tout au fons vn thresor trouuerez,
Que i'y ay mis pour la succession,
Dont ie vous mets en la possession:
Le pere mort, les enfans s'en allerent
Droit à la vigne, & soudain la foüillerent
Auec hoyaux & hoües iusqu'au fons,
Mais nul thresor trouuerent au parfons,
Dont ils pensoyent auoit esté deceuz:
Mais celle vigne apres les coups receuz,
Des instruments seruants aux laboureurs,
Produit les fruicts, & ses raisins bien meurs,
Ce neantmoins qu'elle eust esté en friche,
Par ce labeur chacun d'iceux fut riche.

Il appert donc que quand on continuë
A labourer, le bien ne diminuë,
Mais il s'augmente & suruient au besoing,
De peu à peu, certes on va bien loing:
Plus est prisé vn bien ainsi acquis,
Qu'vn bien trouué, ou vn thresor exquis.

De fuyr la mort.

La mort souuent est souhaittee,
Quand on a des maux souuenir,
Mais quand on l'apperçoit venir,
Du souhaitteur, est reiettée.

Du Vieillard, appellant la mort.

Fable. lxxx.

VN Vieillard portoit
Vn Fardeau de bois,
Dont lassé estoit
Pour son trop lourd poix,

Doncques tant lassé
De porter sa charge,
Au-pres d'vn fossé
Son fardeau descharge,
Puis par desespoir
La mort appella,
De tout son pouuoir,
Laquelle vint là.
Disant, que veux tu?
Es-tu las de viure?
Es-tu abbatu?
Veux tu la mort suyure?
Non dist le vieil homme,
Ie ne veux mourir,
Ie t'appelle & somme
Pour me secourir,
Preste vn peu ta main
Pour me recharger,
Car c'est acte humain
D'autruy soulager.

Contre les orgueilleux.

L'hõme hũble eschappe biẽ souẽt
Des grãds perils, mais l'orgueilleux
Tombe aux dangers tres perilleux,
Petite pluye abbat grand vent.

Du Roseau, & de l'Oliuier.

Fable. Lxxxi.

VN Roseau tendre & vn Oliuier haut,
De leur beauté & valeur contendoyẽt,
Et l'vn de l'autre accusoyent le defaut:
A qui mieux mieux leur cause deffendoyent

Dist l'Oliuier, ie suis fort & constant,
Et comme moy n'es au vent resistant,
Car tu flechis, & ie suis ferme & stable,
Lors le Roseau se teut & le laissa:
Mais tout soudain vn fort vent se haussa
Impetueux & si insurportable
Que l'Oliuier par terre il renuersa,
Et le Roseau entier il delaissa,
Car il ployoit & estoit variable,
Ainsi est-il des orgueilleux mondains,
Trop glorieux & pleins de fier courage,
Qui par des cas & accidens soudains
Sont ruinez à leur perte & dommage,
Car de tant plus qu'en leur pouuoir se fient
Qu'en leur richesse & biens se glorifient.
Plustost aussi trouuent vn plus fort qu'eux,
Soubs le pouuoir duquel ils sont liez
Assub iectis, pris, & humiliez:
C'est volontiers la fin des orgueileux,
Mais les petits humbles, obeissans,
Qui de leur gré sont doux & flechissans,
Eschappent mieux les dangers perilleux.

Contre les paresseux.

Qui se veut estranger
Du labeur ordinaire,
Soit maistre ou mercennaire,
Il chet en grand danger.

De la Vache, & du Boeuf.

Fable. LXXXII.

VNe Vache estant de se-iour,
  Voyant que tout le long du iour
Le Boeuf ne bougeoit du labeur,
Estima cela grand malheur,

Comme meschant le condamna,
Le deprisa & contemna,
Car sans rien faire elle viuoit
Tandis qu'au labeur il seruoit,
  Mais quand le iour du sacrifice
Fut escheu, icelle Genisse
Fut mence à l'occision,
Pour faire l'immolation,
Dont le Bœuf se print à soubs-rire,
Et en se mocquant luy va dire:
Puis que iamais ne laboureras,
Comme inutile tu mourras.
  Tu t'es de moy cent fois mocquee,
Mais la peine t'est retorquee,
Ie demeure encore viuant,
Et la mort t'est de pres suyuant.
  Ainsi en aduient-il à ceux
Qui sont tardifs & paresseux,
Perilleux danger les rauit
Maugré le laboureux vit.
Celuy n'est pas digne de viure,
  Qui veut oysiuité ensuyure
On void souuent mourir de faim
Cil qui ne sçait gaigner son pain.

Le mal vient de nous.

Ordinairement par nous-mesmes
Nous tombons en perils extresmes,
Nostre faute & coulpe excusons
Et la fortune en accusons.

De l'Enfant, & de fortune.

Fable. lxxxiij.

Pres d'vn puits estoit
Et s'y es-battoit
Vn beau ieune fils
Sommeil le surprint,

Et dormir s'en vint
Au bord de ce puits.
Fortune qui va
Au lieu arriua,
Et celuy resueille,
Disant, mon amy,
Ne sois endormy,
Et plus ne sommeille.
Si tombé tu fusses,
Excusé ne m'eusses,
Et chacun eust dict,
Que trop importune
Luy estoit fortune
Qui mort le rendit:
Moy dont accusee,
Ta faute excusee,
Tousiours eust esté.
Mais l'homme imparfaict
Luy seul mal se faict,
Par sa lascheté.

Le mauuais vouloir d'inimitié.

Haine est de si fausse nature
En cœurs, en faict, & au combattre,
Qu'vn soufflet volontiers endure,
A fin d'en rendre trois ou quatre.

Des deux Ennemys.

Fable. lxxxiiii.

Deux gladiateurs Ennemys,
Pour passer la mer se sont mis
En vne nauire:& pourtant
Que l'vn d'eux l'autre hayoit tant,

Qu'ils ne se pouuoyent entreuoir
L'vn se mist pour sa place,auoir.
En la prouë,l'autre en la poupe,
Et alors voicy vne troupe
D'ondes & de flots arriuer,
Que les grands vents faysoyent leuer,
Si que la mer tant perilleuse,
Leur fist vne peur merueilleuse,
Celuy de la prouë voyant
La mer enflee & ondoyant
Par les vents & par la tempeste,
Fist au patron vne requeste,
De luy dire qu'elle partie
De la Nef seroit subuertie,
Premierement,Lors dit le maistre
La poupe premier conuient estre
Submergee.Dont dict celuy,
Plus aise seray ce iourdhuy,
Et de mourir n'auray esmoy,
Si ie voy mourir deuant moy,
Celuy que i'ay en si grand hayne,
I'en mourray en plus douce peine.

Ne laisser l'amy au besoing.

Ne sois pas amy à demy
Il le faut estre entierement,
L'amour ne vaut rien autrement,
Au besoing cognoist-on l'amy.

De deux Amys, & de l'ourse.

Fable. LXXXV.

Deux compagnons amys s'entre appelloyent,
Lesquels vn iour parmy, les champs alloyent

Vne grande ourse en leur chemin trouueret
Et aussi tost que la beste aduiserent
L'vn d'eux eut peur, & du danger s'osta,
Et sur vn arbre illecques pres monta,
L'autre d'outant n'auoit force & puissance
Pour faire à l'Ourse aucune resistance
Se couche bas, faict du mort en grand peine
Sans retirer aucun vent n'y haleine:
L'Ourse approcha, & ne sentant tirer
Haleine ou vent, n'y l'homme respirer,
Là le laissa, l'estimant comme mort,
Car au corps mort iamais elle ne mort:
Doncques apres qu'elle s'en fut allee,
Le premier fist de l'arbre deuallee,
Et demanda à l'autre quelle merueille,
L'Ourse auoit dict si pres de son oreille,
Lors respondit par douce vrbanité:
L'Ourse (dist-il) m'a bien admonnesté,
Que ie ne voise à iamais pres, ou loing,
Auecques ceux qui laissent au besoing
Leurs cõpagnons, ceux qui sont tels de faux,
On les peut bien appeller amys fauxr
Qui sont amys seulement de la bouche,
Mais par effect l'amour au cœur ne touche.

Ne s'esleuer en orgueil.

Plusieurs sôt qui se mescognoissét
Se voyans en prosperité
Mais s'ils sont en aduersité
Leur infirmite récognoissent.

De la mule, superbe.

Fable. lxxxvj.

Qvelque Mule grace en bon poinct,
  Bien nourrie d'orge en l'estable,
De rien ne se soucioit point,
Et ne portoit charge greuable:

Sentans donc fortune amyable,
En son courage se prisoit,
L'estimant tousiours fauorable
Et par orgueil ainsi disoit.
  Mon pere est vn tres-beau cheual
Noble & puissant, plein de prouesse,
Qui peut courir à mont à val,
Ie luy resemble de vistesse.
  Peu apres aduint qu'en la presse
Des cheuaux legers fut menee,
Mais de courir bien tost fist cessé,
Quand la course luy fut donnee,
  La Mule clochant & deffaicte,
Dist en soy mesmes i'apperçoy
Qu'vn Asne m'a forgee & faicte,
Non vn cheual, ie le conçoy,
D'autrement penser me deçoy
Car vn Asne est mon propre pere,
  Bien souuent se retourne en soy,
Qui perd la fortune prospere.

Contre les menteurs.

Qui s'accoustume de mentir
Apres qu'il a baillé de bourde,
On ne peut a luy consentir,
Car on luy faict l'oreille sourde.

Du Berger menteur.
Fable. lxxxvii.

VN Pastoureau dessus vn mont gardoit
Ses doux agneaux ses moutōs & brebis
De ses voisins se mocquoit & lardoit,
Quand il estoit saoul d'eaue & de pain bis,

Il s'escrioit: Hela! les loups sa mis
M'ont desrobé,& mes Moutons emportent,
Gens mensongers iamais vray ne raportent.
　Par plusieur fois les Laboureurs d'entour,
Vindrêt au cry: mais les Loups ne trouuoyêt
Et bien souuent leur dresse ce bon tour
Estans deceuz quand ils y arriuoyent.
Vn iour les Loups le parc de pres suyuoyêt,
Vne Brebis leur demeura pour proye,
Tost vient le mal combié qu'enuie on croye
　Ce Pastoreau le larcin voyant,
Du maistre Loup qui la brebis emporte,
Au Loup, au Loup, disoit-il en criant,
Mais de secours ame ne le conforte,
Là on le laisse, aucun ne s'y transporte,
Car trop souuent les auoit abusez,
Tousiours en la fin sont prins les plus rusez.
　Homme qui est souuent trouué menteur,
S'on l'apperçoit on ne le veut pas croire,
Voire fust-il de verité l'autheur,
Ne sera creu ny tenu pour notoire:
C'est son loyer, il n'a point d'autre gloire:
C'est bien raison s'il vse de mensonge,
Que verité luy soit imputé songe.

Se corriger le premier.

Tel void dedans les yeux d'autruy
Vn festu, mais sans voir plus outre,
N'apperçoit vne grosse poutre,
Qui l'aueugle & s'adresse à luy.

D'aucun deuin, ou Prophete.
Fable. Lxxxviii.

Qvelque Deuin en vne ville estoit
En plein marché, qui disoit l'auēturē
A vn chacun qui là se presentoit
Luy annonçant toute chose future,

Lors se mocquant quelque homme de raison
De ce prophete, & de son sot blason,
Dire luy vint chose qui estoit vraye,
Que les larrons estoyent en sa maison,
Qui emportoyent par fraude & trahison.

Vers sa maison se hastant de venir
En son chemin vn homme incogneu treuue
Lequel luy dist, si tu sçais l'aduenir,
Tu en as faict maintenant fausse espreuue,
Pourquoy veux-tu au peuple faire accoire
Le temps futur, toy qui n'as en memoire,
Ton propre mal & aduerse fortune?
Cela est laid de vouloir pour la gloire
Reprendre autruy & de son faict notoire,
N'en auoir soing & souuenance aucune.

Demander à Dieu chose iuste.

Priere & requeste
Dieu presentee,
[s]elle n'est honneste,
[n']est point acceptée.

De Iupiter, & de la Mousche.

Fable. lxxxix.

A Mousche à miel, pour faire sacrifices,
Aux iustes dieux, de leurs grãds bñfices:
Iupiter, le plus grand dieu du ciel,
[E]t vn present du meilleur de son miel,

Dont luy ioyeux de telle oblation,
Luy octroya que la petition
Qu'elle feroit luy feroit accordee
Tout auſſi toſt que feroit demandee.
　La Mouſche donc ſa priere faiſant
De mauuais cœur, ainſi luy va diſant:
Treſpuiſſant Dieu concede à ton ancelle,
Et luy promets que ceſtuy-la, ou celle
Qui me prendra à mon miel furtiuement,
De mon piquant ſoit attaint viuement:
Et à l'inſtant qu'il ſouffrira piqueure,
Il tombe mort ſans qu'aucun le ſequeure.
　Lors Iupiter douteux de l'oraiſon,
Luy reſpondit, ce n'eſt pas la raiſon:
Mais ie permets & le veux en ce poinct,
Que ſi quelqu'vn de ta piqueure eſt poinct,
Et il aduient que l'aguillon demeure
Dedans ſa chair, il faut lors que tu meure
En l'aguillon conſiſtera ta vie,
De qui tu as de poindre tant d'enuie:
C'eſt ton loyer: Car qui prie ou ſouhaite,
Qu'à ſon prochain mort ou perte ſoit faite,
Le mal requis (ainſi qu'il eſt bien iuſte)
Tombe deſſus le ſuppliant iniuſte.

Considere le temps.

Ce qui n'est point fait, en teps deu
Ne peut trop longuement durer:
Le fruict esperé est perdu,
Et puis apres faut endurer.

De l'Adolescent, & de l'Arondelle.

Fable. xc.

VN ieune fils, viuant en ses delices,
　Auoit ses biens despenduz follement,
Et consommé ses estats & offices,
Tant qu'il n'auoit plus qu'vn seul vestement,

Voyant vn iour voler legerement,
Vne Arondelle annonçant ce luy semble
L'Esté prochain nõ pas l'hyuer qui tremble
Au plus offrant sa robbe en vente à mise,
En demourant tout nud en sa chemise,
 Contre l'espoir arriua la froidure,
L'Hyuer suruint auec gelee & glace:
L'Adolescent extresmé froid endure,
Le vent, le froid, la neige le menace.
Et apperçoit l'Arondelle qui trespasse
Pour le grand froid & douloureux martyre
Et la voyant luy commença à dire,
O faux oyseau si de toy ie me deux,
C'est bië raison, car tu nous pers tous deux.

 Tout ce qui n'est faict en temps & saison,
Trop lentement ou trop hastiuement,
Sans mesurer à l'ausne de raison,
Le repentir le suyt soudainement,
En son faict faut auoir bon iugement.
Ne se reigler soubs personne inconstante
Mais se reigler soubs personne sçauante,
Qui bien du mal, & droit du faux discerne,
Sage est celuy qui ainsi se gouuerne.

Contre les auaricieux.

L'hôme est maintesfois trop expert
En exerçant son auarice:
Dangereux est tel exercice,
Car tel cuide gaigner qui perd.

De la Féme, & de la Geline.

Fable. xci.

Velque Femme vne Poule auoit,
Qui luy portoit grand' auantage,
Chacun iour pondre luy deuoit
Vn œuf d'or, comme elle pouuoit

C'estoit son naturel vsage:
Dont fut augmenté le mesnage,
Et riche grandement deuint
Pour ce beau thresor qu'il luy vint.

Ceste femme auaricieuse,
Pensant la Poulle estre au dedans
Toute dorée & precieuse,
La tua comme furieuse,
Sans auiser les accidens:
Mais à l'œil de tous regardans,
Fut trouuee dedans sa poictrine
Tout ainsi qu'vne autre geline.

En pensant doncques s'enrichir,
Elle perdit par conuoitise.
Auarice nous faict flechir,
Et nous augmente le desir,
Qui nous faict perdre chose acquise,
Desir de gaing faict entreprinse,
Qui est cause de perte à maints
De ce qu'ils tenoyent en leurs mains.

Contre le vanteur.

Qui cherche hōneur par sa vātāce
Et il ne met rien à effect.
Il est bien digne qu'on le tanse,
De grand vantance peu de faict.

De l'homme, & du Lyon.

Fable. xcii.

Ainsi qu'vn homme & vn Lyon alloyent
Par le chemin & ensemble parloyent
De leur vertu, de leur force & courage
Disant auoir l'vn sur l'autre auantage,

Vne colombe assez haute trouuerent
Au carrefourg, pres duquel arriuerent,
Dedans laquelle estoit en taille comme
Vn grand lyon estoit occis par l'homme,
Ce que voyant l'homme dist au lyon
O fier lyon plein de rebellion
Regarde icy, vn homme tu peux voir,
Qui le lyon a mis soubs son pouuoir,
Le suffoquant comme victorieux,
Ainsi l'homme est plus noble & glorieux,
Que le lyon, de sa propre nature:
Dist le lyon, ie ne croy en peinture:
Car paintres ont en leur art grand' licence:
Si les lyons auoyent ceste science,
Peindre pourroyét le lyon comme maistre,
Et vainqueur d'homme ainsi qu'il peut bien
  estre.
Tu le verras: Lors ascheuant son dire,
Cest homme prend & le tuë & deschire.
  Il appert dóc qu'vn váteur plein de gloire
Veut ses beaux faits à chacun faire à croire
Mais à la fin se trompe & se déçoit,
Si lourdement que chacun l'apperçoit.

Contre les traistres.

Ne vueillez trahir, ne rien faire,
Nō plus q̃ voulez qu'on vous face,
Car trahison ne peut complaire,
A cœur qui est de bonne grace.

De l'Oyseleur, & la Perdrix.

Fable. xciii.

VN Oyseleur tuer vouloit,
Vne Perdrix qu'il auoit prise,
Aux champs, ainsi qu'elle voloit:
Mais quand elle se void surprinse,

Pria par grand humilité,
Qu'il luy donnast sa liberté,
Et laschast, luy promettant
Qu'en ses rets seroit venir tant
D'autres oyseaux, tous de sa bande
Qu'il en seroit plus que content:
Mais l'oyseleur en debattant
N'eut cure d'vne telle amende.

Lors luy dist, au vray iuge,
Que tu es digne de la mort
Sans auoir à mercy refuge,
Car tu veux faire à autruy tort,
Tu promets pour te deliurer,
Qu'en mes mains tu feras liurer
Plusieurs oyseaux de ta nichee,
Mais premier seras despeschee,
Pour te rendre iuste salaire,
Qui a la trahison cherchee
Sa chair doibt estre detrenchee.

plus par diligence que par force.

Par long labeur assez continué,
On trouue fin de ce q est entrepris.
Perseueráce obtiét tousiours só pris
Qui n'est iamais de l'hôneur desnué.

Du Lieure, & de la Tortué.

Fable. xciii.

VN Lieure print debat à la Tortué,
Luy reprochant ses pieds tãt paresseux.
Loüant les siens desquels il s'euertué
Courir au loing, non las & angoisseux.

Mais la Tortuë en ses pieds se confie,
Autant que luy en course le deffie,
De leur debat, le Renard iuge fut,
Qui leur bailla pour course vn certain b[ut]
Lors la Tortuë ostant sa negligence,
Vint iusqu'au but en prompte diligence:
Ce temps pendant que le Lieure somme[il]
Lequel pensoit auoir gaigné sa part,
Mais pour neant apres qu'il se resueille
Courut au but, car il vint trop tard?

Le lieure alors confessa sa paresse,
En approuuant ferme perseuerance,
Faire à loisir par prudence & sagesse,
Trop plus que force & legere inconstance,
Qui a de soy si grande confiance,
Qu'elle s'attend a sa propre vertu:
Mais son pouuoir souuent est abbatu:
Et au contraire industrie assez lente,
Conduit à fin son faict bien debattu:
Mieux la moitié que force violente.

D'ESOPE.

Contre les oysifs.

C'est vn mõstre en chose publique
D'vn qui ne veut ou sçait rien faire,
Car il est á vertu contraire,
Laquelle à bien ouurer s'aplique.

Du Feure & du petit chien.

Fable. xcv.

VN Feure auoit vn petit chien,
Qui tousiours dormoit ce pendant
Que son maistre besorgnoit bien,
Le disner estoit attendant,

Mais quand son maistre estoit mordant,
Et qu'a table prenoit repas,
Ce petit chien l'heure attendant
A ce disner ne failloit pas.
　L'orfeure ne se pouuoit taire,
Mais disoit au chien rudement,
Content ne suis de ce mistere,
Tu me destruits entierement:
Car tu dorts paresseusement,
Quand ie besongne à mon ouurage
Mais au disner soudainement
Tu viens manger à mon dommage,
　Tout ainsi aux champs, & aux villes
Les vns seruent au bien commun,
Les autres y sont inutiles
Sans y faire profit aucun.
　O la grand faute quand quelqu'vn
Veut tant l'oysiueté ensuyure,
Sans rien faire en temps oportun,
Qu'il veut du labeur d'autruy viure.

Perdre pour gaigner.

Pour sauuer la chose plus chere
Il nous faut la moindre quiter
De peur qu'on ne paye l'enchere,
On recule pour mieux sauter.

Du veneur, & du Castor.

Fable. xcvi.

Les genitoires du Castor
Seruent à faire medecine,
Pource est-il à cry & à cor
Chassé pour en auoir saisine:

Mais quand il cognoist sa ruine
Ses genitoires va trencher,
Rien n'est que le salut tant cher.

Quand du danger se void si pres
Pour les genitoires qu'il a
Aux dents les trenche tout expres
Et aux Veneurs les iette là:
Lesquels considerant cela
Les prennent & laissent la chasse.

Pour euiter plus grand dommage,
Aucunesfois perdre conuient:
Le peril faict l'homme estre sage,
Dont il eschappe & en reuient:
Le bon Chrestien aussi paruient
Au Ciel, quittant les biens du monde,
En tel salut, tout bien abonde.

Ne nourrir les enfans trop delicatement.

Le pere, qui trop l'enfant flatte
Nourriture trop delicate,
Liberté, & sotte doctrine,
Sont cause que l'enfant mal fine.

Du Singe, & de ses enfans.

Fable. xcviii.

VN Singe auoit deux petits ieunes Sin-
ges,
Dont l'vn aymoit d'vne amour sotte & folle,
Fort tendrement l'enuelopoit en linges,

S 2

Le nourrissoit gisant en couche mole,
Tousiours le baise amignotte & accolle,
L'autre il hayoit,& n'en tenoit point conte,
Ains le chassant de le voir auoit honte:
Mais cestuy-la qu'il aymoit si tres-fort,
Par trop aymer qui la raison surmonte,
Tant l'estraignit qu'en fin le mist à mort.

Tout ainsi font les parens imprudens,
Qui ayment trop leurs enfans sans mesure,
Par tel Amour tombent en accidens,
Perdent l'esprit,& gastent leur nature:
Car leur bailler trop douce nourriture,
Et les tenir trop chers & trop aymez.
Tombent en mal,dont ils sont diffamez,
La vie est folle,& la fin est mauuaise,
Mais tels parens doyuent estre blasmez,
Quand telle fin procede de telle aise.

Prouifion de faifon.

La prouifion de faifon,
Soit bône ou soit mauuaife annee,
Quand elle eft par droit ordonnee,
Elle faict riche la maifon.

Des Formis, & de la Cigalle, ou grillon.

Fable. xcix.

VNe grand' troupe de Formis
Enfemble en vn creux s'eftoyent mis,
Et auoyent durant tout l'Efté
Amaffé grande quantité

De bled, qu'ils auoyent peu trouuer
Pour se nourrir durant l'Hyuer
Lequel venu vne Cigale
De qui la cure principale
Est de chanter l'Esté durant,
Laquelle estoit faim endurant,
Vint aux Formis & leur pria
Luy donner si peu qu'il y a
De leur bled, ce qu'ils refuserent,
Et par rigueur luy demanderent
Qu'elle auoit faict l'Esté passé
Sans auoir son pain amasse:
Dist la Cigale ie chantoye,
Et par les bleds ie mes-batoye,
 Lors dirent les Formis ainsi,
Il faut que l'endures aussi,
Puisqu'ainsi est que tu as tant
Chanté l'Esté t'es-batant
Il te faut en Hyuer danser,
Ainsi te faut recompenser.
 Qui ne pouruoit en temps & heure
En grande necessité demeure.

D'ESOPE.
De fuyr les Femmes.

Qui se veut metre en mariage
Il faut chercher la femme sage
De la folle ne tenir conte,
Qui ne faict que dommage & hôte.

D'vn Homme, & de ses deux Femmes.

Fable. c.

AV beau Prin-temps, que tout est en vigueur,
Vn homme plain de ieunesse & grand cœur

D'aage moyen deux femmes espousa
Et leur complaire en tout se disposa
L'vne estoit vieille & l'autre ieune assez,
Et il auoit trente cinq ans passez,
Cheueux auoit grisons & demy blancs,
A la vieillesse assez bien ressemblans,
Parquoy la vieille aymant son amitié
De ses cheueux luy osta la moitié,
C'est assauoir ceux de noire teinture,
Pour mieux sembler à la vieille nature,
Les cheueux noirs perdit entierement.
 La ieune femme aussi semblablement
Les cheueux blancs luy osta par cautelle,
A celle fin qu'il ressemblast à elle,
De ses cheueux, noir, ne blanc, ne se sauue,
Et par ainsi l'homme demeura chauue.
Non sans opprobre & laide mocquerie
Qui luy tourna à grande fascherie.
 Les hômes vieux se doibuêt dôc distraire
D'amour de femme, ainsi à eux contraire;
Les ieunes gens qui en veulent iouyr,
N'en doibuent tant approcher que fuyr:
 Brief, cestuy-la qui veut viure en hôneur
Ne doibt de femme en faire son seigneur.

¶FIN.

S'ENSVIT LA TABLE
DE CE PRESENT
Liure.

Et premierement.

Dv Coq & de la pierre precieuse sa. 1
Du Loup & de l'Aigneau 2
Du Rat & de la grenoille 3
Du Chien & de la piece de Chair 4
Du Lyon, de la brebis & autres bestes 5
Du loup & de la Grue 6
Du Rustique & de la Couleuure 7
Du Sanglier & de l'Asne 8
De deux Rats 9
De l'Aigle & de la Corneille 10
Du Renard & du Corbeau 11
Du lyon, du Porc, du Taureau, & de l'asne 12
De l'Asne & du petit Chien 13
Du lyon & du Rat 14
Du milan malade 15
De l'Arondelle & autres Oyseaux 16
Des Grenoilles & de leur Roy 17
Des colombes & de l'Espreuier leur Roy 18

a larron,& du Chien . 19
De la truye,& du loup 20
De l'enfantement des Montaignes 21
Du vieux Chien,& de son Maistre 22
Des Lieures paoureux 23
Du Loup,& du Cheureau 24
Du Cerf,& de la Brebis 25
Du Rustique,& du Serpent 26
Du Renard,& de la Cigoigne 27
Du Loup,& de la Teste 28
Du Gay,& des Paons 29
De la Mousche,& de la Formis 30
De la Grenoille,& du Bœuf 31
Du Lyon,& du Cheual 32
Du Cheual,& de l'Asne 33
Des oyseaux,& des bestes 34
Du loup,& du Renard 35
Du Cerf qui se void en la fontaine 36
Du Serpent & de la Lime 37
Des loups,& des Brebis 38
De la forest,& du Rustiqea 39
Des membres & du Ventre 40
Du Singe & du Renard 41
Du Cerf & des Bœufs 42
De deux adolescens 43
Du Chien,& du Boucher 44
Du Chien,& de la brebis 45
De l'Aigneau & du loup 46

De la chatte muee en femme
De l'Asne, & du cheual
Du Foulon, & du Charbonnier 49
De l'Oyseleur, & du Serpent 50
De la Trompette de guerre 51
Du loup, & du Chien 52
Du Laboureur, & des Chiens 53
Du lyon, & du Renard 54
De l'Aigle, & de la Renarde 55
Du Laboureur, & de la Cigoigne 56
Du Chat, & du Poulet 57
Du Chien enuieux, & du Bœuf 58
De la Corneille, & de la Brebis 59
Du Paon, & du Rossignol 60
De la mustelle, & des Souris 61
De la Formis, & de la colombe 62
Du Paon, & de la pie 63
Du lyon, de l'Asne, & du Renard 64
De l'Asne, & de ses maistres 65
De la vieille, & de ses Chambrieres 66
De l'Asne, & du Cheual 67
Du Vaultour, & des petits Oyseaux 68
De l'Aigle, & du Corbeau 69
Du Rossignol, & de l'Oyseleur 70
Du Renard, & du bouc 71
Du Renard sans queuë 72
Du Renard, & du Buisson 73
De la perdrix, & des Coqs 74
Du renard, & du forestier 75

TABLE.

De l'homme & de son dieu de bois	76
Du Cerf & du Cheual	77
Du Chien inuité au banquet	78
Du Laboureur & de ses Enfans	79
Du Vieillard appellant la mort	80
Du Roseau & de l'Oliuier	81
De la Vache & du Bœuf	82
De l'Enfant & de fortune	83
De deux ennemys	84
De deux Amys & de l'Ourse	85
De la Mule superbe	86
Du Berger menteur	87
D'aucun Deuin ou Prophete	88
De Iupiter & de la Mousche	89
De l'Asdolescent & de l'Arondelle	90
De la Femme & de la Geline	91
De l'Homme & du Lyon	92
De l'Oyseleur & de la Perdrix	93
Du Lieure & de la Tortuë	94
Du Feure, & du petit Chien	95
Du Veneur & du castor	96
De Iupiter & du Serpent	97
Du Singe & de ses Enfans	98
Des Formis & de la Cigale ou Grillon	99
D'un homme & de ses deux femmes	100

FIN.

www.ingramcontent.com/pod-product-compliance
Lightning Source LLC
Chambersburg PA
CBHW050338170426
43200CB00009BA/1648